真実の中国史[1840-1949]

宮脇淳子 著／岡田英弘 監修

PHP文庫

○本表紙図柄＝ロゼッタ・ストーン（大英博物館蔵）
○本表紙デザイン＋紋章＝上田晃郷

はじめに

中国の歴史というと、学校で日本史を学ぶ過程で、「魏志倭人伝《ぎしわじんでん》」から仏教伝来、遣隋使《けんずいし》といった日本と関連のあることがらを習ってきたという人が多いと思います。そういった勉強をすると、中国という国は四千年、五千年という歴史を誇るすごい国といったイメージで捉えられます。

現代に近づいても、アヘン戦争や日清戦争、そして清朝崩壊といった日本と関わりのある事項を通して中国の歴史を学びます。ですから、日本人は自分たちとの関連でしか中国の歴史を知らず、実は中国史の本当のところを理解していないのです。

今回、中国の立場から見た中国の歴史をお話しすることになりますが、日本人の歴史観にのっとらない本来の中国史を知ることによって、あなたの世界史に対する見方が変わってくれることを期待しています。日本人が考える「日本列島だけが日本史の対象で、日本列島の周りの海より外はすべて世界史の範囲」という捉え方を、少しでも変えられればと思っています。

そもそも歴史を考えるうえで、日本と世界という二項対立の図式が間違っています。日本も世界の一つなのです。確かに、日本以外は一つと考えることもできます。たとえば、「日本人」と「外国人」というように。しかし、外国人とはどの国の人を指すのでしょうか。日本人は普通に、ただ漠然と「外国人」と呼びます。そういった特有の意識が日本人のなかにはあるのです。

それは、「日本」という国ができた時のあり方に原因があります。私は、八世紀に中国大陸の戦乱から距離を置きたくて「日本国」というものが誕生したと捉えています。とりあえず中国の戦乱に巻き込まれたくない、だから、自分たちのなかでお互いに融通し合って、我慢し合って平和を続ける、という暗黙の了解というか不文律ができたのではないでしょうか。日本人であるからには日本のなかだけはちゃんと折り合って、騒乱を起こさないというような約束事が日本人の歴史にはあるわけです。要するに、日本ができた時の国是《こくぜ》が鎖国だったということです。

日本で天皇がずっと守られてきたということ自体、実は希有《けう》な歴史であるわけです。しかも、天皇自身が権力を持とうとしなかったという事実もあり（まあ、持とうとした天皇はだいたいややこしい歴史になっていますが）、お金もなく権力もなく、ただ権威しかない天皇家というものを万世一系――史実としては神武天皇から万世一系とは言えないのですが――として守り、日本国ができたあと、天皇家も一般の日本人も、自分たちのなかだけでお互いに融通し合っていくという暗黙の了解のもとに生きてきたというのは、世界中に例のない歴史なのです。

ところが、日本人は自分たちがそういった歴史を持っているものだから、外国の歴史にもそれを当てはめて考えてしまいます。それぞれの国に、中心となる君主と、君主をずっと信じてきた国民がいると思い込んでいるのです。だから、五千年前の中国にもいまと同じような国民がいた、と考えるほうが馴染《なじ》みいいので、そうに違いないと信じてしまう。つまり、日本と同じような歴史のイメージを当てはめすぎてしまうので、実情とはかけ離れたものになってしまうのです。

日本は日本であり、日本と同じようなところはないのです。ですから、自分たちの世界観は一度脇に置いて、虚心坦懐《きょしんたんかい》に偏見に囚《とら》われずに、よその土地の興亡、起こった出来事を理解するというのは、言ってみれば、一度日本から離れて世界旅行をして帰って来るようなものです。私は、違う時代のまったく違う文明を疑似体験する歴史というものは、ＳＦに似ているとつねづね思っています。タイムマシーンに乗って過去のまったく違う世界に行って、再び日本に帰ってくるようなものですから、歴史を学ぶことは、日本を外からよりよく見る、つまり、あなた自身をよりよく理解するための手助けになるのです。

言葉も違う文明のまったく異なる時代を疑似体験し、その時代を生きた人々の気持ちになってみる。いまの自分を取り巻く世界のことは忘れて、史料に入り込むと、感じ方がまったく違ってきます。自分を一度離れるのは非常にいい経験です。外から見ると、改めて自分のことがよくわかります。自分以外の目を持つということは、複眼思考ができるので、将来に向けての、あるいは何か物事が起こった時の足場が広がるのです。

もう一つ歴史を考えることの利点は、たとえば私は五十年と少ししか生きていなくても、たくさんの祖先の生き方を知ることによって、何百年もの経験を、私のなかに蓄積し、借りることができるということです。そうすると物事に対処する場合に動揺が減ります。日本だけで生きていた時代であればまだよかったのですが、これほど多くの世界の人々と付き合わなければならない時代になったのであれば、相手の背景を知っておくということは、相手を理解するうえで本当に自分の力になってくれますし、自信にもつながります。

日本の枠のなかだけで考えて生きていくと、あまりにも違う文化を持つ相手に自分の持つイメージを押しつけがちです。いろいろな齟齬《そご》や摩擦も当然起きてくるでしょう。ですから、日本人がイメージする歴史観を外すことが大切なのです。われわれに特有の歴史観を外せば、中国も含めてさまざまな世界の人たちと相互理解がしやすくなります。相手への対処の仕方もわかり、今後生きていくうえでの力になるはずです。本当の中国の歴史を知ることで、日本人の内向きな視野を少しでも変えられれば幸いです。

宮脇淳子

真実の中国史［1840－1949］ 目次

第二章

中国に本当の西洋化など存在しない

〔1861〜1900〕

第三章 国とは呼べない中華民国からはじめて国家意識が生まれる〔1901〜1930〕

第四章 歴史上、一度もまとまったことのない中国〔1931～1949〕

〈編集協力〉水島吉隆
〈写真提供〉近現代フォトライブラリー

序章

「真実の中国史」を知る前に

日本人が知らない中国史をひも解く前に、知っておいていただきたいことがいくつかあります。これは本当の中国史を理解していただくための大前提となります。ですから、これからお話しすることを頭に入れてから読み進めると、本当の中国の姿をわかっていただきやすくなると思います。

歴史はもともと「古代」と「現代」しか存在しない

まずは「歴史の枠組み」についてです。

英語では歴史の枠組みは「オールド」と「モダーン」の二つしかありません。しかし日本人は「モダーン」という英語を「近世」「近代」「現代」と三つに分けて訳しました。英語では近代も現代もモダーンです（最近は日本人に合わせて、近世を「プリモダーン」とも言ったりするようですが）。日本人にとって、「現代」は自分が知っている時代というイメージが強い。ですから、自分が生まれる前を現代と呼ぶのはおかしいと感じるのです。

しかし、歴史の枠組みでいうと、いまの国民国家が誕生したところからモダーンなのです。それを日本人は近世、近代、現代と名前を分けました。だから、日本人にとって明治時代というのは、現代ではなくて「近代」になるわけです。江戸時代はというと、まず古代ではありません。お金や商業の問題など、近代的なことがたくさん起こっているわけですから。しかし近代ではないし、中世でもないので、これを「近世」にしようとなりました。

以上が日本人がつくった近世（江戸時代）、近代（明治時代）、現代の歴史の枠組みです。だから中国史のなかでも、日本人に説明する場合には、明治以降の日本と中国が実際に関わりのあった時代は、近現代と言いましょうと決めたのです。つまり、中国の歴史を考える時も、日本の歴史の枠組みで区分してしまったのです。

日本人と中国人では土地に対する感覚が違う

次に日本人と中国人の「土地という概念」の違いについてです。

日本は日本列島のなかであまり人間が入れ替わらずに、一千数百年、少なくとも一千三百年は歴史がずっと続いてきたため、「日本史」と言われた時に、いつの時代でもだいたい規模が同じです。日本史というと、同じ場所に人が住んでいて、そのなかでいろいろなことが起こったと思い浮かべます。そのため、日本人は中国も同じ地域、同じような大きさの土地で人間がいろいろなことをしたと、日本を当てはめて考えるのですが、これが大きな間違いです。

「中国」というのは時代によって意味する大きさ（土地の広さ）が全然違います。その時々の皇帝の血筋、一族もまったく違う。つまり、支配階級の出身が違うのです。実は言葉も違います。北から入って来たり、西から来たりと、その時々に王朝が変わって、まず同じ中国などないのです。治めている土地の大きさも時代によって全然違います。それを忘れてしまって、ずっと中華人民共和国の領土が昔から中国だったと思わされているので、中国史を考えるうえでは、とくに気をつけなければいけません。

私たちがひとくくりに中国史と言ってしまうものと、中国人が考える自分たちの歴史とは本来、感覚がだいぶ違います。ところが、明治以降の日本人が日本史の考え方、捉え方を当てはめて中国史を整理したものが、中国人にとっても非常に都合がよかった。そのため、現在の中国の歴史というと、いまの中華人民共和国の領土の歴史を書いているわけです。

つまり「土地の歴史」です。かつて二千年前にはまったく中国ではなかった場所も、現在北京政府が支配しているところを、すべて中国と置き換えているわけです。いまの中国は、そうやって新しい歴史観をどんどんつくってしまいました。

日本人は自分たちの日本史が日本列島の歴史なので、それをすんなりその通りだと理解して受け取ってしまいます。それがモンゴルやチベットやウイグルに対して、日本が冷たい理由になっているのです。

また明治以来、日本人が書いた中国史は、いまの中国の領土内であった政治抗争を、農民と遊牧民の抗争などと説明しました。だから、遊牧民も中国人、農民も中国人と私たちは考えてしまいます。ですが、遊牧民は漢字を使わず他の文字を持っている人たちであり、いったいこの全体を中国と呼んでいいのかという疑問があります。

私たちが中国史と考えている歴史とは、実は「土地の世界史」、言ってみれば「地域史」というか、中国と別の人種間の争乱の歴史なのです。これは漢民族が二千年前からいたわけではないので、説明がすごく難しいですが……。

日本人の場合、民族を意識するようになったのは明治時代くらいからです。外国という概念があって、はじめて「日本人」が意識されたわけです。外国を知らない間の日本は、そんなことはあまり気にしないで生きてきました。それに「大和民族」という言葉自体は、日露戦争のあたりでできた言葉です。それでも日本人は、過去をさかのぼって、日本列島にいた人たちをみんな大和民族と思い込んできているわけです。

ただ先ほども言ったように、人の入れ替わりがあまりなかったので、民族とは呼ばなかったけれど、それほど間違っているわけではない。日本列島の各地を発掘しても、同じ場所に私たちの先祖が住んでいるからです。これは世界の他の地域と比べて、非常に稀《まれ》なことなのです。人間の移動が少ないので、いったん日本列島に入ってしまうと、出て行く人は数えられるくらいしかいなかった。

したがって日本史を考える時と、中国の歴史を考える時には、土地に対する枠組みも違うと考えなくてはならないのです。

「普遍的な歴史」などそもそも存在しない

中国の近現代史を考える場合、古代と比べて史料が豊富にあるという特徴があります。古代は、書く文字を持っている側と持っていない側があると、文字があるほうの言いたい放題になってしまうという懸念があります。つまり、真相は本当にわかりづらいのです。

しかし近現代になると、あらゆる民族、それぞれの土地に、自分たちの主張というものが誕生するので、歴史資料が残るわけです。相手に言われっぱなしは嫌ですから、「われわれはこういうことを思っていて、こういうことをして、だから戦争になったのだ」といった記録が世界中にできます。そうなったのは、いまから二百年ほど前からです。

だから、因果関係や史実を明らかにしたい時、史料として材料はあるわけです。ところがその材料が、その土地その土地で全然違うことを言っている。同じ事件を、被告と原告とでもいいますか、それぞれの立場の主張が、もし百八十度違っていた場合にどうするのかという、さらに難しい問題が近現代史にはあるのです。

時代が古い場合は、史料が一つしかなければ、とりあえずその史料を紹介することだけで歴史が出来上がります。わからないものはしようがないですから。一方的かもしれませんが、「この人たちはこういうふうに言っている」というものを紹介して、歴史が成り立っているのです。ですから、歴史というのは非常に不公平なもので、片方の史料しかなければ、その見方でしか説明できないということなのです。

ところが、二百年前からの近現代史になると、なにせ戦争ばかりです。利害が衝突するから戦争が起こる。そうすると、それぞれの立場の考えや主張があって、歴史認識が一つになるなんてことは無理だという話になります。なぜならば、それぞれが自分たちのほうが正しい、あるいは利権はもう少し自分たちにあるべきだと思って戦争をしているからです。史料もみずからの主張を通す形になっています。

ですから、事実を公平に客観的に扱うといった普遍的な歴史資料などは存在しません。歴史家が普遍的な歴史を書きたいという思いはあっても、はじめからそういった材料が見つかることはあり得ないのです。つまり、中国の史料にしても、自分たちの都合のよい主張がされているということを知っておかなければいけないのです。

「マルクス主義的歴史観」に染められた日本人

歴史家というのは、普遍的ではない史料から、できるかぎり普遍的な歴史をつくりあげていくのが仕事ですが、ここで問題となってくるのが、一世を風靡《ふうび》したマルキシズムです。

マルクス主義的歴史観というものは、あらかじめ筋道を立てて「人類は発展していく」と決めてしまう歴史観です。マルクス主義的歴史観では「原始共産制、古代奴隷制、中世封建制、近代資本主義」、それで未来は「共産制」というように定めました。

このような見方で時間を区切ると、歴史そのものは非常にわかりやすくなります。すべての史料をこの枠組みに当てはめてしまえば、誰でも一応、歴史のようなものはつくれるからです。マルクスが考えた枠組みに沿って、その国が持っている記録を、「これは王様が専制主義だから、この時代は封建制である」というように、世界中の出来事を当てはめていったのです。いかにも世界中で歴史ができたように見えるのですが、前提条件と結論が間違っていたら、途中の解釈はまったく当てになりません。

もし数学や科学であれば、計算を間違えていたら最初からやり直しです。しかし、いまの歴史は、依然としてマルクス主義的歴史観に囚われた状況なのです。

人間の社会も人間の歴史もすべて科学で割り切れるというのは幻想でしかありませんが、それを科学的歴史観、あるいは科学的社会主義と言いました。マルクス主義者が言い出したのですが、多くの人の頭に整理しやすいので定着していきました。そこに当てはまる史料だけ抜き取ると、あたかも科学で割り切れるように見えます。ですから、日本の資本主義は資本家が労働者を搾取しているけれども、中国は社会主義であるから中国のほうが未来に近づいていて立派だという主張になってしまうのです。

こうしてつくりあげた歴史が、いまだに流布しています。しかし、それはただの解釈にすぎません。つまり、世界中の人が納得するような近現代史というのはないのです。その証拠に、どの地域にも紛争が絶えません。

政治論争になると、力の強い国の言うことが受け入れられます。力の弱い国は仕方がないから一応頭を下げているだけです。弱い国は力の強い国の言うことがウソだと思っていても、受け入れるか黙るしかないという状況なのです。

なぜ社会主義、共産主義が、これほどまでに一世を風靡したかというと、社会主義が誕生するまでは、帝国主義の国々が植民地を持ち、金や権力で勝手に植民地の政策を決めていました。たとえばイギリスは、遅れていたインドを文化的にしたのだから、インドの植民地化は正しいのだという主張が成り立っていたのです。

世界中の社会主義革命、共産主義革命は、虐《しいた》げられた人たちの団結革命でした。帝国主義によって切り取られた植民地と宗主国の関係を、ご破算にするイデオロギーです。すべて植民地のほうが被害者で、植民地の人々こそ正しいとして、帝国主義者を追い返す力となったのです。これまでやられっぱなしだった人たちは、やられていたから自分たちは正義だとして宗主国を追い出し、一気にマルクス主義がもてはやされたのです。

つまり、力で抑えつけていた宗主国を跳ね返すためのイデオロギーがマルクス主義であり、それが正しいか間違っているかは問題ではないのです。これがこの百年もの間、マルクス主義的歴史観が一世を風靡している理由です。

しかし、虐げられた人が全部正しくて、統治していたほうが全員悪いというのが、本当の意味の歴史かというと違います。もちろん、統治していたほうがすべて悪いというつもりで史料を読めば、そう読めることもあります。それは史料の選び方の問題なのです。このように、近現代史にはマルクス主義的歴史観という問題があり、日本人もそれに毒されていると言えるのです。

中国に「共産主義」など存在しない

マルクスが考えた共産主義ですが、中国という国はいまだに共産主義国として存在しています。しかし、中国の共産主義などというものは、ご都合主義も極まれりといったところです。本当の意味でのマルクス主義的共産主義を中国に当てはめるとすれば、まったく外れたことばかりが起こっています。現在の共産主義市場経済などは、市場経済を入れたのだから、イデオロギーとしての共産主義を捨てているわけです。

しかし、共産主義を捨てたと言ってしまうと、共産党支配の正当性を失ってしまいます。だから、現在の中国の指導者は捨てていないと言っていますが、実際にイデオロギーなど使っていないのです。いまの中国にイデオロギーはいっさい存在しません。もしイデオロギーが活かされていれば、全員が平等に分配される社会でなければならないからです。

それでも、共産主義を「ある」と中国の指導者たちが言い続けているのは、自分たちの正統性を守るためです。つまり、いまやっていることは将来の共産主義に対する準備段階であると言い繕《つくろ》っているのです。しかし周りから見たら、とても共産主義には見えません。指導されている中国人も本気ではそう思っていないはずです。

最近は日本でもディベートの訓練も大事と言うようになりましたが、言葉というのは、自分が本気で思っていなくても相手を言い負かすために使うという側面があります。言葉のうえで理屈が通っていたら、相手はそれに反発できなくなります。論理に整合性があって、反発することが難しければ、相手を打ち負かすことができるわけです。昔のギリシャ哲学の時代から論争があったように、哲学や思想が正しい真実を表しているかというと、それは一つの側面にすぎません。論理が整っていれば、その主張は通ってしまうということも起こるわけです。

したがって、日本と中国の歴史認識についても、どんなに論争や会議が行なわれても、いま言ったような言葉と論理の問題が関係してくるので、歴史的事実として本当にあったかどうかということは二の次になり、論争に終始しておしまいになってしまいます。結局、武装したほうが強いのは、論争のための論争では当たり前のことなのです。

言葉の定義を曖昧にしたまま歴史を語るのは危険

そうしたことを考えますと、歴史観、歴史認識の話にしても、日本人は言葉の使い方、言葉の定義が甘いと言わざるを得ません。言葉をしっかりと定義して使っている人があまりにも少ないのです。もっともこういった日本人の曖昧《あいまい》な部分というのは、もちろん、悪いことばかりとは言えません。先ほども言ったように、あまり言葉の意味を哲学的に定義しても、結局は空しい砂上の楼閣となるだけですから。

言葉というものが、もともと真実をどれくらい表しているかといえば、同じことを言っても、百人いたら百人がまったく同じ意味で捉えていることはあり得ません。それでも、たとえば「左翼」と「リベラル」の違いを、日本人が突き詰めて論理分けすることなく使っているのはどうなのでしょうか。いまの日本でリベラル、左翼というと、「軍事はよくない」「戦争は嫌いだ」「平和主義」「どんな時でも武力で解決することは悪いことだ」「民主主義はいいことだ」といった感じでしょうか。

それでは、「民主主義」という言葉の反対語は何でしょうか。実は民主主義の反対語はいくつもあります。専制政治に対する民主主義、寡頭《かとう》政治に対する民主主義、その他、君主制、貴族制、独裁制、権威主義、これらすべての反意語として民主主義は存在しています。

また、戦後の日本の民主主義にはもう一つ、軍事を持たない平和主義という意味もあります。アメリカの民主主義は軍事力で維持していることは周知の通りです。ところが、日本にきたとたんに民主主義が変質しました。憲法九条を護持して、軍備を絶対に持たない平和主義ということは、攻められた時にも絶対に戦争をしないで降伏、バンザイをするのかということです。

もう一つ、たとえば北朝鮮（朝鮮民主主義人民共和国）は国名に民主主義とあるけれども、実体はまったく違っています。その北朝鮮が核で日本を脅した時に、日本は「民主主義＝核を持たない＝軍備を持たない平和主義」として、北朝鮮の独裁政治に頭を下げるのでしょうか。

民主主義は実は軍備で守るものです。軍備がしっかりしていないと民主主義は守れないということが、日本人の頭から抜け落ちているのです。その原因は、アメリカが日本を守ったからです。アメリカは、最初はソ連の社会主義に対してでしたが、いまでも民主主義を強大な軍事力で守っています。

「左翼」と「リベラル」の話に戻りますが、リベラルといってもいろいろな意味があります。左翼というと「革新」になるのでしょうか。では、何に対しての革新なのでしょうか。せっかく戦後、民主主義と平和主義になったのに、それをまた革新するのでしょうか。革新して社会主義になるのでしょうか。

これはかなり怪しい。日本は戦後、七十年以上、平和憲法を維持して、第九条を持って平和であるのに、それに対して何を革新、転覆させたいのかということです。とにかく言葉をまったく定義していないのです。戦争に負けて平和主義になってリベラルになったあとに、左翼というのは変でしょう。平和主義を守るためには、むしろ保守にならなければいけないのではないでしょうか。

リベラリズムとは、自由、寛大、気まま、勝手、解放、自由主義を意味します。でも日本では、リベラルを自由主義という意味では使っていません。リバーティに解放、釈放という意味がありますが、この意味に近いとしても、では何から解放するのでしょうか。つまり、日本の左翼、社会主義というのは、これまで言葉を厳密に定義しないままきたのです。

また、民主主義は具体的に言えば多くの場合、多数決によって意思決定されま

す。ですが、多数決ということ自体、実は自由主義やリベラルと矛盾していま
す。少数でも立派な意見を抹殺することになるからです。けっして褒められた体
制ではないのです。一人でも多かったら、そちらの意見がすべて通るというもの
で、オール・オア・ナッシングなのです。

これに疑問を持っていた人に、「ノンポリ」と呼ばれる人たちがいます。ポリ
ティカルは嫌いだということで、政治に関与しないで生きたい人です。ところ
が、その人たちは傍観者になるので、結局はどんどん少数の寡頭制になってしま
い、キャスティングボートが現在の社民党のような少数派に握られてしまうこと
になりかねません。しかも日本は、投票率の低さからわかるように、サイレン
ト・マジョリティが多い。そうすると、組織だって投票する少数派の意見が、実
はものすごく影響力が大きくなります。大声で騒ぐ一部の徒党を組んだ人たちが
結局、牛耳ることになってしまうのです。

もちろん民主主義というのは、イギリスのチャーチル元首相も言っているよう
に「そんなによいものではないが、他はそれよりも悪いものばかりである」から
続いているようなものなのです。

以上、歴史を語る、とくに政治的なイデオロギーを語る場合は、その言葉の定

義に気をつけなければならないということです。

日本人的な発想を捨てて歴史を見る

話を中国に戻します。実は、中国人はもともと日本人が悪いことをしたとは思っていませんでした。そう言うと驚かれるかもしれませんが、日中国交が「正常化」した一九七二年以後、日本に来た中国人は、その全員が日本人に謝られたので、日本人は悪いことをしたのだとそれから思うようになったというくらいのものです。つまり、日本人の反応が、現在の中国をつくってしまったのです。

私が敬愛する日下公人《くさかきみんど》先生は、「日本の文明が世界を変える。世界が日本化すればいい時代がくる」という持論を持っています。本当にそうだと思いますし、私も他に方法が思いつきません。アメリカの金融界にしても、他人から奪い取る、自分だけが金をためて金持ちになりたいという発想です。あの人たちの貪欲《どんよく》さのおかげで、世界はめちゃくちゃになりました。

普通の日本人は、そんなに金を持っていてもしようがないと思っています。一人で大金を持っているよりもみんなが同じものを食べていたほうが幸せだと思っているのが一般の日本人です。他の国とはよって立つ文化の基盤が違うと言いますか、他人を踏みつけてまで自分が得をしたいとは普通日本人は思いません。ですから、同じアジアでも日本人の発想はまったく違うのです。たとえば、モンゴルのウラーンバートルでは、ものすごい高級マンションが建てられていま す。二重窓などもあって、モンゴルとしてはとんでもなく立派な家です。しかし、その外側は鉄条網の柵で覆われています。ガードしておかないと、他と格差がありすぎてその特別地域を守ることができないのです。そのなかで暮らしている人は、車で出かけても街中で人と接触しないようにして帰ります。これはモンゴルだけでなく、インドでもどこでも上流階級というのはそういうものです。北京でも最近、八達嶺《はったつれい》という北西にある万里の長城に行く途中に、高級住宅街ができました。すべて一軒家で、そこの住宅街は五十軒、百軒くらいが完全な鉄条網で防御されています。入口にはガードマンがいて、外来の人は車のナンバーを住宅街のなかの人に伝えて、ガードマンに連絡が来てはじめて外のドアが開くようになっています。

北京オリンピックの直前、私はその高級住宅街を訪ねたことがあります。私の知り合いはドイツ留学組の若い夫婦で、娘二人とお手伝いさんと暮らしていました。「一人っ子政策は?」と聞くと、一人の娘はドイツ国籍でした。ですから、中国籍としては一人っ子になります。

その家はすべて輸入材で建てられ、部屋にはパソコンが並び、夫人は終日株をやっているのです。夫はドイツ語がペラペラで、ドイツ企業の顧問をしています。中国の法律を熟知していて、中国政府との間に入ってドイツの会社から給料をもらう高給取りです。このように、中国では格差がどんどん広がっています。これが社会主義の実体なのです。

しかし、日本人は護衛なんてなしで街を歩いて、普通にみんなと一緒にご飯でも食べるほうが好きなはずです。一生鉄条網のなかで生活するなんて、幸せとはとうてい思えません。つまり、考え方がまったく違うのです。

かつてのソ連にしても東ドイツにしても、イデオロギーを使って普通の人を騙《だま》して、特権階級だけが豊かになったにすぎません。だから、左翼が日本を非難するのはおかしいのです。いまの日本を守りたいという人を「保守」だと言って非難しますが、では左翼の人はどんな国をつくりたいのでしょうか。自分たちが特権階級になりたいだけなのでしょうか。それを「社会主義」という偽りの言葉でごまかしているとしか言いようがないのです。

私と夫の友人に、かつての東ドイツの共産党幹部がいたのですが、彼はモンゴル語の専門家でホーネッカーに付いて通訳した人物でした。五十回以上もドイツとウラーンバートルを往復したと言っていましたが、まだ社会主義時代に日本に来たことがあります。その彼が「私たちが目指した理想の社会は、なぜダメになってしまったのだろう。社会主義で成功した国はないのに、なぜ日本はこれほど理想の国なんだろう」と言っていたことを思い出します。

それほど日本は平和な国なのです。よく平和ボケした日本人などと揶揄《やゆ》されますが、他の国の歴史を学ぶということは、タイムマシーンに乗って過去のまったく違う世界に行って、再び日本に帰ってくるようなものです。ですから、私たちのいまの平和を再確認するためにも、日本的な発想は一度どこかに置いて中国史も見る必要があるのです。

第一章

中国の半植民地化は「アヘン戦争」からではない

〔1840〜1860〕

中国現代史の始まりは日清戦争敗北後からだった

いよいよ、本題の中国の近現代史に入ります。

私は、中国の近現代史は日清戦争（一八九四～九五年）から始まったという説をとっています。まず、日清戦争より二十三年前の一八七一年（明治四年）、日本が一八六八年に明治維新を起こして三年後にあたりますが、この年に日清修好条規という清国と日本の間の平等条約が結ばれます。このあたりから、清国に日本を通してヨーロッパの文明が流れ込むようになります。つまり清朝の近代化＝欧米化は、実は日本との関係から始まっています。日本の明治維新は、中国にかなり影響を及ぼしているのです。

現在の中国史では、屈辱の近代の始まりは一八四〇年のアヘン戦争からと言っています。しかし、そう言い始めたのは、一九三七年（昭和十二年）に「支那事変」が始まってからなのです（私と岡田英弘は「日中戦争」とは言いません。「十五年戦争」でもありません。このことは第二章で後述します）。

この章では、なぜ中国はアヘン戦争から近代化が始まったということにしたかったのかについてお話ししていきます。

毛沢東が書き換えた、アヘン戦争からの中国現代史

中華人民共和国の初代国家主席である毛沢東は、支那事変が始まり、中国共産党が国民党に追いやられて延安《えんあん》に逼塞《ひっそく》していた時、自分たちに都合のよい歴史を書き始めました。毛沢東という人物はものすごく頭がよく、「中国共産党はペンと剣で権力を握った」と自分でも言っています。ペンとは宣伝などの情報戦、剣とは軍のことです。

毛沢東（1893〜1976）

毛沢東は膨大な量の古典を読み、中国の伝統をよく知っていました。そして、中国の古典にのっとって、自分たちが正当な支配者になるために伏線を張ったのです。国民党に勝つためにも自分たちの正当性を主張することが重要です。そこで毛沢東は、中国共産党の歴史的正統性

を証明するためにも中国近現代史の始まりをつくらなければなりませんでした。中国が外国から圧力を受けて、その過程でいまの中国共産党が生まれる間接的原因となる出来事がなければならなかったからです。

中国は日清戦争で日本に負けたことに本当にショックを受けたのですが、これでは日本を勢いづかせることになってしまいます。そこでその事実をいっさい内密にすることに決めたのです。

実際、中国は日清戦争に負けたことで本格的な近代化が訪れたのですが、一九四〇年（昭和十五年）頃に書き始めた中国近現代史では、そのこと自体をなかったことにしました。つまり、日本に影響を受けたということを、いっさい歴史から抹殺したのです。ですから、日本がいいことをしたことも中国の歴史にはまったく現れません。けれども、日清戦争では本当に日本が強くて立派でした。だから日清戦争以後、南の清国人は日本に留学し、満洲人ではダメだと言い出したのも日本のおかげなのです。

本当の歴史はそうであっても、毛沢東は考えた末、日本を消すためにイギリスを選びました。イギリスなら中国の面子《メンツ》も少しは立つというわけです。それで「屈辱の近代はアヘン戦争から始まる」となったのです。イギリスが来て、中国がアヘン戦争で負けたところから中国人は覚醒《かくせい》したということにしたのです。

地方の豪族が力を持ち、民衆に国の意識はなかった

そもそも中国という国は、王朝が中国を支配していると言っても、支配されている人間が、われわれは中国人であると思っていませんでした。自分の土地以外の遠いところには無関心だったのです。つまり、国全体が一つだというような意識は持っていませんでした。もちろん、治めて統治している側は全国という意識はあるわけですが。

清朝を興した満洲人、女真《じょしん》族は、当然ながら視野が全国に及んでいて国家意識がありました。一方、支配される側である漢族のほうは、自分たちを同じ民族とは思っていません。国民意識がないのです。中国の歴史は漢族の上に異民族が乗っかっているという状態が長く続いていましたので、君主や支配層とはたいがい言葉も通じないため気にしていませんでした。それなりに税を納めておけば上手《うま》くいくという気持ちです。

もともと中国は長い間、支配者がまったく違う一族に入れ替わるということが

続いていました。下々の人間にしてみれば「また入れ替わったか」と思うだけです。王朝が変わったからといって、ほとんど何も変化はありません。関係があるのは地方官だけです。県知事など、自分たちが直接の税金を払わなければならない人たちです。ひどいことに中国では県知事が裁判もします。彼らはそれくらい権力を持っていたのです。

その代わり、県知事たちはその土地の人ではありません。中央から派遣されてきた代官、徴税官なわけです。中国では伝統的にその土地の人間を絶対に派遣しないのは、言葉が通じると結託して独立されてしまうことがあるからです。地方官は自分の故郷には赴任させませんでした。だから、よその言葉、言葉の通じない人が上に来ます。

中国では昔から郷紳《きょうしん》といって、地方の豪族というか、科挙《かきょ》試験を中途まで受かったような地方の名門の一族がそれぞれの土地にいました。その人たちはお金があって、地主で、教養もあります。一族で一番頭のいい者に中央の科挙試験を受けさせて、最後まで合格すれば皇帝の側近にもなれます。そういった人は故郷には帰って来ません。別の県知事になって他の土地へ行きます。

兄弟で優秀な人が何人かいて、それでも途中までしか科挙の試験に受からないという人もいます。殿試《でんし》（天子みずからが殿中で行なう最後の試験）までいかないで郷試《きょうし》（各省都で行なわれる段階）までで落ちてしまったという人です。そういった人たちは地方の小役人になるか商人になります。こういう人たちが郷紳です。それで一族、一門の男たちがお互いにいろいろな役割をしながら助け合って、一族を盛り立てていきました。

清朝としても、彼ら郷紳を通してでないと税金を徴収できません。だから、科挙制度も廃止できなかったのです。地方の郷紳の一族というのは名門、名家で、貧乏な小作人に泣きつかれたら、なんとかしてやるのも役割でした。とにかく一族の家長はものすごく権力を持っていたのです。彼らはたくさんの小作人を抱えていましたが、同時に保護もしていました。中国自体は都市のネットワークでできていましたが、人間関係もネットワークでできていたのです。

なぜ清朝が二百六十年もの長い間続いたかというと、清朝は広域経済が非常に上手で、しかも統治の仕方も上手かったからです。すでにメキシコ銀や日本銀も扱っていました。清朝という国はモンゴル帝国の継承国家で、遠い地域との貿易も行なっていました。中央アジア貿易もロシア貿易もインド貿易もありました。遠いところから多くの物産が入ってきて、結局はイギリスもお茶を買いに来続けていました。

皇帝はお金がいっぱいあって豊かだったので、国民に対して厳しい支配をする必要がありません。当然、人口もどんどん増えました。それは、経済的に豊かであったことの証拠でもあります。結果、人口は清朝治世期に一億人から四億人にまで膨れ上がったのです。

清朝はいかに統治し、いかに衰退していくのか

人口の増加とともに清朝の経済は発展しましたが、清朝の中央、つまり皇帝一族は財政難に陥っていきました。かつては皇帝は戦争をすれば新しい土地と物品が手に入りましたが、清朝の支配圏はもうすでに目いっぱい広がっていました。にもかかわらず、地方の穀物などの食糧は一定数しか中央に来ません。地方の役人たちは割り当て分だけを中央に差し出して、残りは自分たちで処理していたので、新しい財政の収入源はなかったのです。

皇帝の主な収入は、専売や商業税です。また、一番いい織物や陶器の工場はすべて皇帝直轄でした。清朝が財政難になった原因は、給料を支払わなければなら

ない満洲人の家族が増えてきたからなのです。つまり、国家公務員が多くなったということです。また、内乱があると軍隊を出す必要があり、兵隊の食糧費もかかります。

内乱と言えば、一七九六年から一八〇五年に起こった白蓮教《びゃくれんきょう》の乱がありました。白蓮教は南宋時代からある宗教秘密結社で、何度も大反乱を起こした組織ですが、彼らはゾロアスター教の影響を受けた終末思想を持っていました。なぜ反乱が多く起きるかというと、人口が増えれば、生活していた故郷の農村で食いあぶれて、新しい土地へ出て行かなければならなくなります。貧しい山のなかや異民族の土地や新しい土地で、新しい村をつくるしかありません。

さらに、それでもあぶれた人たちは華僑《かきょう》として東南アジアに出て行きました。マレーシア、シンガポール、フィリピン、インドネシア、ボルネオ方面などです。華僑というのは、もともと貧しい開拓民です。つまり、華僑とは人口圧で押し出された人たちなのです。考えてみれば、人口が一億から四億になったら食べていけません。こういったなかで、キリスト教系組織を含めて反乱が起こってくるのです。

財政の話に戻しますと、軍隊とは、もともとは清朝の軍事組織である八旗兵《はっきへい》です。つまり満洲八旗があり、これにモンゴル騎兵も加わっていました。清朝には漢軍八旗と緑旗兵《りょっきへい》という漢族の兵隊もいたのですが、緑営《りょくえい》と呼ばれるようになった漢族の兵隊は、もともと警察の役割を担っていたので、清朝後期になると腐敗が激しくなり、反乱軍の鎮圧には役に立ちませんでした。

キリスト教は中国人の儲けの糸口にすぎない

キリスト教について、清朝の皇帝たちはまったく認めていません。そもそもキリスト教の教義は、キリスト教徒ではない祖先は地獄に落ちるというものです。キリスト教は祖先までは救ってくれません。祖先が大事な人々である中国人にとっては非常に困ります。

満洲人皇帝はキリスト教は嫌いだけれどもヨーロッパの文明は好きなので、宣教師たちは天文学や数学、または絵描きなどの技能で雇われました。宣教師は清朝に滞在を許されましたが、布教はまったくしませんでした。彼らは中国の状況を自分たちの本国に知らせてはいましたが、キリスト教の布教には成功しなかったのです。中国にキリスト教が広まっていくのは、アヘン戦争以後に開国してからです。

港を開けた後は、まだ租界《そかい》はありませんが、キリスト教徒のヨーロッパ人たちは貿易を許されました。アヘン戦争と第二次アヘン戦争（アロー戦争）でいくつもの港が貿易のために開港して、ヨーロッパ商船が来るようになると、そこからキリスト教の宣教師が入って来て帝国主義の先兵となるのです。この時に現地で通訳をやるような漢族（通訳官）から、だんだんとキリスト教化していきました。太平天国《たいへいてんごく》の乱を起こした洪秀全《こうしゅうぜん》もキリスト教に影響された一人でした。キリスト教徒になった漢族が、今度は欧米の手先となって同族ともめごとを起こすようになったのです。これを教案《きょうあん》と呼びます。

中国人というのは自分たちさえよければいいという人たちですから、「俺の後ろにはイギリスがついているぞ」「俺の後ろにはフランスがついているぞ」と言って、もともとあった秩序に挑戦していったのです。秩序とは郷紳などの名家が担っていた秩序です。後ろに外国の軍隊がいるぞ、というような中国人同士のもめごとが各開港場所で起こりました。ほとんどが、キリスト教徒になった中国人が外国を笠にきて、多くのことを主張するようになったのが原因です。

それからもう一つは、中国国内は商業のライバル同士の話し言葉が全部違う異族の集合ですから、中国人同士の競争になります。一番ひどかったのがドイツの権益ができた山東《さんとう》半島です。キリスト教が入って来た後のもめごとは、だいたい女性の話なども関係して、中国人が外国の勢力を利用して権力をふるったことが原因です。

中国でアヘンが大流行したのはなぜか

一八四〇年から二年間続いたアヘン戦争ですが、そもそもアヘンは台湾でオランダ人が薬として栽培を始めたものでした。それが少しずつ清朝にも入っていました。台湾からのアヘンで、中国内でも吸飲者が若干出てきますが、はじめ数は非常に少ないものでした。

そこにイギリスが登場します。イギリスは中国との貿易でお茶を購入し、喫茶はイギリスで大流行となりました。ところが、イギリスは中国からお茶を買うために支払う銀が国外に流出するのを抑えるために、アヘンで支払うようになったのです。アヘンは植民地のインドから密輸したものです。そして、アヘンは清朝で全国的に大流行していきました。

なぜ儒教の国である中国があまりにも簡単にアヘンに染まってしまったのかという疑問を持つ人もいるかもしれませんが、そもそも中国に儒教の精神などというものはありません。儒教というのは科挙試験に合格するため、経典を諳《そら》んじるために必須なだけで、宗教として信じているというものではなかったのです。受験者はみな孔子廟《びょう》にお参りして、孔子を自分たちの先生とします。その一方で、彼らも普通に道教や仏教を信じています。ですから宗教とアヘンは関係がないのです。

アヘンの貿易を清朝の中央政府は禁じていました。しかし、各港の下級官僚たちはイギリス人から賄賂《わいろ》をたっぷりもらって、アヘン貿易に対して目をつぶっていました。ですから、中央がどんなに禁じてもアヘンは流れ込んだのです。商人はアヘンを持って商売に出て、アヘンを金代わりにしていろいろな品物を集めました。高額紙幣と同じ役割だったので、アヘンさえあればどんな品物でも手に入ります。アヘンは商人が持ち歩くので、全国的にまたたく間に広まりました。それが実は大東亜戦争の終戦まで続いたのです。

満洲もモンゴルも同じで、アヘンが通貨になっていたといいます。軍隊もみなアヘンで給料をもらっていました。軽くて高価なアヘンは、どこに持って行っても品物と換えられたからです。

貿易の管理は港を管轄する知事や巡撫《じゅんぶ》などに処置させていましたが、彼らがイギリスに取り込まれて、まったくアヘン貿易が減りませんでした。業を煮やした道光帝《どうこうてい》は北京から側近の林則徐《りんそくじょ》を送り込んで、アヘン根絶に乗り出しました。現地に任せていたのでは埒《らち》があかないということで、林則徐が送られ、没収したアヘンを塩水、石灰と混ぜて焼却するという強硬手段に出たのです。

アヘン戦争は清朝にとって地域戦争にすぎなかった

一方、イギリスのほうでも、議会で「アヘンを売って儲《もう》けるのはけしからん」「人道的ではない」という意見もありました。それでも結局、中国に開国と自由貿易を求める側の意見が通って、林則徐が沈めたアヘンの「損失の補償」を訴えて、イギリスは戦争にうって出ました。そして、一八四二年にイギリスは清朝と南京条約を結んで、香港島の割譲、広州など五港を開港させました。

一八四〇年に起こったアヘン戦争はもちろん大きな事件だったのですが、当時の清朝の政治では、首都は北京に置かれていましたし、「南のほうに野蛮な南蛮人がやって来て、中国の物産が欲しいので大砲を撃って無茶なことをして、開国を訴えてきた」といった具合に捉えていました。イギリス人を「英夷《えいい》」と名付けたのも野蛮人と見たからです。その証拠に、アヘン戦争に敗れたあとも、清朝は、モンゴル、ウイグル、チベットを管轄している理藩院《りはんいん》というお役所で、イギリスやフランスを朝貢《ちょうこう》国として管轄するということを始めました。

清のアヘン吸引者（『画報近代百年史』）

つまり、清朝はイギリスをまったく対等な国家とみなしていなかったということです。朝貢の人数も少ないし、遠いところから来て、しかも彼らは貿易を要求している。イギリスはお茶や銀、陶器など清のものが欲しい。漢字もわからない野蛮な連中なので仕方がないということで、開国というのは港の貿易だけ認めたにすぎなかったのです。

ですから、日本にペリーの黒船が来たというのとはまったく違います。なにしろ中国は「地大物博《ちだいぶつはく》」といって、土地は広く物は何でもあるという国です。外国のものなど何一つなくてもいいのです。アヘン戦争の前にも、お茶が欲しかったイギリスは対等な貿易国になろうとして、正式な使者としてマカートニーなども送っています。それでもイギリスの希望はかないませんでした。

マカートニーが乾隆《けんりゅう》帝に謁見《えつけん》した時、三跪九叩頭《さんききゅうこうとう》の礼（三回跪《ひざまず》き、九回頭を地に擦りつける）をしないという理由もありましたが、清朝は彼らを少しも大事に扱いませんでした。めずらしい奴がやって来たくらいの感覚だったのです。それでも、遠いところからやって来ることは皇帝にとってはうれしいので、そここそ相手をして、清はたくさんいい物を持っているんだと見せびらかすために多くの物品をイギリスに贈りました。逆に、こんなに遠いところから皇帝の徳を慕ってやって来る外国人がいるのだと、皇帝は家来たちに誇示しました。中国はもともと、そうやって皇帝の権威を示してきました。

この時はまだ、アヘン戦争のような事態に発展してしまうとはまったく考えてもいなかったのです。でも清朝は領土が最大になった乾隆帝の頃から、南方で地方官が賄賂を取ったりと、だんだん満洲人たちの統治は緩んでいました。そういったことがアヘン戦争につながっていったのです。

しかし、清朝はアヘン戦争に敗れはしましたが、イギリスのことを野蛮人としか考えておらず、南方の脅威にはまったくのんびりしていました。中央アジアやロシアに関しては、すごく古くから清朝は外国と意識していて、さまざまな政策を施したのですが、南はたいしたことがないとしか思っていなかったのが本当のところです。

アヘン戦争にショックを受けたのはむしろ日本だった

そもそも満洲人は北方出身で、つまり中央アジアやモンゴルと地つづきなので、北の防衛に対しては非常に敏感で、騎兵などはロシアが来た時にはすぐに反応しました。しかし、彼らにとって南というのは、境界もなくずるずると中国だったのです。インドネシアやフィリピンなどは、華僑が抵抗なく出て行っていた土地です。南に対しての防御や警戒感があまりにもなかったのです。

南の沿海《えんかい》地方の人たちは政治に無関心で、金儲けさえできればいいというような人たちばかりでした。ですから、イギリスもそのうちの一つだという認識しかなかったのです。結果、清朝はアヘン戦争に負けたところで、ショックですぐに何かを考えるというようにはいきませんでした。

日本の中国史ではアヘン戦争と南京条約が大きくクローズアップされますが、これは毛沢東が大きくしたものです。本当は清朝の歴史を通してみれば、ずっと後まで清朝はイギリスを知らないままでしたし、アヘン戦争はほんの小さなエピソードにすぎなかったのです。

いま私たちが習っている歴史は、映画などでもイギリスを大きな存在として取り上げています。しかし、実際には、清朝がそれほど反応していないということは、彼らは重大性を認識していなかったということになるのです。かえって幕末の日本のほうが、あの清朝が軍艦数隻に負けたということで衝撃を受けました。

なぜ日本がそれほどピリピリしたかというと、すでに日本の近海にロシア船がうろうろしていたからです。もし清国と同じことが起こったら日本も危ないということで、日本人のほうが先に反応したというのが本当の歴史です。アヘン戦争の情報もオランダから入ってきていましたから、清朝は大国で、その清朝が戦争に負けたということにいち早く反応したのです。

私たちが習う歴史では、アヘン戦争で清朝が負けて賠償金が庶民に税金として重くのしかかり……、と清朝に大きな影響を与えたかのように書かれていますが、事情はだいぶ違います。庶民への重税も本当のところ、どうかわかりません。清朝はやりくりしたかもしれません。ただ、日本の歴史ではそう習っているだけです。

商人たちはアヘンで儲けていますから、まったく困っていませんでした。イギリスは貿易に来たわけですから、民衆は重税を課せられたとは思っていないのです。本当に重税を課せられたのは一九〇〇年（明治三十三年）の北清事変の時です。この時は本当に賠償金で苦労します。その前の日清戦争でも賠償金で苦労しますが、アヘン戦争での賠償金の苦労はあまりありません。しかも、アヘン戦争はイギリスが勝利していますから、アヘン貿易はそのまま続いています。

アヘン戦争で砲撃を加えるイギリス艦隊（『画報近代百年史』）

ですから、清朝のアヘン戦争の敗北による重税で、太平天国の乱（一八五一〜六四年）が起こったという歴史の認識はまったくのでたらめなのです。太平天国の乱が起こったのは、洪秀全がアヘン戦争後にヨーロッパから入ってきたキリスト教にかぶれてしまったからというのが本当です。

普遍的な真理として、苦しいから革命が起こったというのはウソなのです。たとえば、フランス革命もそうです。革命は力をつけた二番手の勢力が起こすのです。フランス革命は、新興勢力であるブルジョワジーが「俺たちがこんなに努力して金儲けをしているのに、遊んでいる貴族など追っ払え」といって革命が起こったのであって、本当に生活が苦しくて食べていくのがやっとでは、革命などできません。

ですから、太平天国の乱というのはヨーロッパ化、つまり新しいイデオロギーが入ってきたおかげで「古い支配層を倒せ」となったのです。しかし、マルクス主義ではこういった歴史的事実を曲げてしまいます。民衆反乱や大衆反乱と言いますが、圧倒的に虐げられている人たちが革命を起こすということは、実は絶対に無理なことで、革命はセカンドクラスが起こすものなのです。

アヘン戦争についてまとめますと、アヘン戦争は日本人が思っているほど、清朝(中国史)から見れば、ここから近代化が始まったというものではないのです。これは中華人民共和国がつくった、つくり話です。中国の近代化は、もう少しあとから始まります。アヘン戦争は中国近代化のほんの第一歩にすぎなかったのです。

アヘン戦争の勝利で何も得られなかったイギリス

アヘン戦争の結果、一八四二年に南京条約が締結されます。イギリスは香港島の割譲、厦門《アモイ》、福州、広州、寧波《ニンポー》、上海の開港を清朝に承認させました。その他、捨てられたアヘンの賠償として六百万ドル、行商債務三百万ドル、戦費千二百万ドルなどを勝ち取りました。

それでもアヘン戦争後のイギリスは満足しませんでした。その理由は、イギリス製品がまったく売れなかったためです。アヘンだけで貿易をやっていくのは、イギリスとしても心苦しい。イギリスは清国の鎖国を解くことで自由貿易をするのが目的だったわけですから、自由貿易となり意気揚々と製品を持ってきますが、まったく売れません。それは乾隆帝も言ったように、製品の質が全然違ったからです。

イギリスは清朝に対しては少しはいい顔をしていましたが、インドに対してはひどいことをしました。もともとインド綿のほうが質が高く、インドの職人たちがいいものをつくっていたにもかかわらず、職人の腕を斬《き》り落としたという話もあります。インドの綿製品をいっさい没落させて、イギリス資本主義で市場を席巻させたいと考えたのです。

中国の製品は衣料品など、いまでも世界を席巻しています。ユニクロをはじめ、デザイナーは日本やアメリカやイギリスなど外国人ですが、縫製しているのは中国人です。もともと絹織物から刺繡《ししゅう》、服、緞子《どんす》のようなものまで、安いだけではなく中国人の職人には腕があったのです。

それに比べて、イギリスが持ってきた物などはまったく魅力がありませんでした。陶器にしてもすべて中国のほうが質が高く、現在あるマイセンなどの陶器はすべて中国の真似です。マイセンは、十七世紀にヨーロッパで流行していた日本の伊万里《いまり》焼などからも影響を受けています。つまり、アジアのほうが文明度が高く質も高かったので、イギリス製品は売れなかったのです。第二次大戦後、アメリカが日本と貿易摩擦を起こしましたが、これも結局同じ理由です。

実はアヘン戦争よりも、その後、一八五六年に清朝とイギリス・フランス連合軍との間で起こったアロー戦争（第二次アヘン戦争　～一八六〇年）のほうが清朝にとって大きな出来事でした。開港してもイギリス製品がまったく売れなかったので、業を煮やしたイギリスが、今度は北のほうまで攻めてきたのがアロー戦争だったからです。

太平天国の乱を起こした客家とは何者か

さて、清朝が一番大変な目に遭ったのは、アヘン戦争のあと、一八五一年に起きた太平天国の乱です。この乱は客家《ハッカ》族の反乱です。

客家というのは中原《ちゆうげん》と言われる黄河中流の、もともとの文明発祥の地から最後に南下していった語族で、どうも十三世紀にモンゴルが入って来た時、モンゴル人が彼らを追い出して、その村を取ったと言われています。それで客家は河南《かなん》省などから玉突き現象で南へ下りて行ったのですが、すでに福建省や浙江《せつこう》省などの沿岸部のいい土地は、はるか昔に入植した農民が住んでいたため、入り込めませんでした。それに中原ももともと山のなかでしたので、彼らは山伝いに険しいところを開拓して南に下りて行きました。いまでも梅県《ばいけん》と呼ばれる山のなかが、客家の中心地です。

客家の人たちはあまり豊かではない土地へ入植したので、女性の労働力が大事でした。そのため纏足《てんそく》はしませんでした。ところが、福建省のあたりは古い時代、五代十国時代から纏足が流行《はや》っていました。一方、客家は他の人たちとは毛色の違う漢族で、教育熱心で、女性も労働力です。当然、漢族同士でも言葉が通じません。キリスト教にかぶれて太平天国の乱を起こした洪秀全はこの客家です。洪秀全は科挙の試験に何回も落ちました。もうこの頃、ヨーロッパ人は南方に入り込んで来ていて、洪秀全はその時に読んだキリスト教の本にかぶれて、啓示を受けたと言います。ちなみに、白蓮教はキリスト教にも影響を与えたゾロアスター教の系統の宗教ですが、まったく似ても似つかない弥勒《みろく》信仰になっています。洪秀全のキリスト教もまったくのでたらめで、イエスは自分の兄だと言っています。

中国はいまでも八大方言と言われていますが、最初から話し言葉が統一されていません。昔から地方によってまったく言葉が違っていて、秦《しん》の始皇帝が統一する前も、戦国七国ですべて違っていました。始皇帝が文字を統一したわけですが、話し言葉の共通語は二十世紀までありませんでした。

科挙の試験は漢字の知識を判定するものですが、そこで使われる漢字は見てわかるコミュニケーション手段です。

実は中国大陸で生きている人の一、二割程度しか本当には漢字を使えません。それでは、他の八割の人はどうしているかというと、話し言葉のわかる集団のなかで生活しています。血縁関係のある宗族を中心とした一族と、その人たちが支配している下層の小作人は、話している言葉が通じます。下層の人たちは、それほどたくさんの語彙《ごい》がなくても労働者ですので生きていけます。ところが、一家族だけですと広域商業が上手くいきません。そのため、商業をするためには遠いところとのやり取りが必要になってきます。

洪秀全（1814〜1864）

先ほど述べた、科挙を中途で落ちた人が商人になるというのは、逆に言えば漢字が自由に使えなければ商人にもなれないということです。つまり、科挙を落ちた人たちが商人連合になったのです。それぞれの地方の中産階級、つまり名士のなかで商人が何人も出て、その人たちが町に行くと今度は話し言葉がわかる人たちの同郷会館に足を踏み入れて、そこでお互い助け合って、またその同郷会館が別の土地にもできてそこに行って草鞋《わらじ》を脱いでというような順番で（やくざみたいな感じです）、同郷会館がネットワークをつくるわけです。

結果的に、別の言葉の人たちは別の言葉のグループが出来上がるので、中国とは基本的に一枚岩ではなくて、さまざまなネットワークが網の目のようになっているところと言えるわけです。

こうした組織にいったん宗教が入ると、違う集団と一緒になることができます。暗号もできてお互いに同じ仕組みがわかるので、話し言葉が違う集団を一つにまとめるために、宗教が秘密結社の土台となっていくのです。三合会《さんごう》とか哥老《かろう》会などが、それです。そして、違う言葉を使う中国人同士でも義兄弟の契《ちぎ》りを結んでいくのです。そうするとどんな遠いところの人でも助け合えるわけです。

宗教でつながると、違う土地でも一気に物事が動きます。ではありますが、太平天国の乱では、客家以外があまり動かなかったことに限界がありました。客家は熱心でしたが、他の種族、福建人などを糾合し始めてから頓挫《とんざ》してしまいます。客家以外の漢族が客家の下に入るのを嫌がったからです。

一番大きかったのは、客家は纏足をしませんから女性も軍隊をつくっていました。その客家の女軍が土地土地を征服して自分たちの領土にした時に、そこの土地の女性を解放して、纏足をやめさせて労働させようとしたことです。これが他種族から総スカンを食《くら》いました。上流階級である証《あかし》として、労働しないために纏足をしているのに、これでは解放ではなくなってしまうわけです。

それでも太平天国はかなり大きな国をつくりました。南京で皇帝宣言をするまでになったのですが、結局は内部分裂してしまいます。主導権争いが原因です。王が五人もできて、分裂していきました。

太平天国。教会で信徒が説教を聴いている様子（『画報近代百年史』）

一方、支配者の清朝側から見ると、太平天国の乱では、清朝の正規軍である八旗兵は何の役にも立ちませんでした。反乱が起こった南方は、草原ではなく水の多い場所で、南京城を包囲して落とさなければならないのに、北方の騎兵中心の八旗兵は役に立たなかったのです。八旗兵はどんどん死傷してしまいました。建国以来給料を出してきた満洲兵が何の役にも立たなかったのです。

一方、太平天国軍は土地土地の農村を圧倒的に押さえていきました。そうすると今度は先ほど言った農民側の名士たちが、自分たちの土地を守らなければならなくなります。清朝の国家軍はまったくあてになりません。それで郷勇《きようゆう》や郷団《きようだん》と呼ばれる地方軍ができたのです。いわゆる義勇軍です。名士が自分たちで金を出して軍隊をつくることにしたのです。

これがのちの軍閥になっていくのですが、そもそも国から何も助けてもらえないので自衛軍をつくり出して、その土地で言葉のわかる人たちや、若い者を連れて来て、訓練をして自分たちの金で自分たちを守ったのです。

この時、郷勇や郷団は清朝に対して、自分たちの金で軍隊をつくって守ったのだから、税金はここですべて使うと言って、中央に税金を送らなくなりました。清朝はしぶしぶそれを認めざるを得ませんでした。結局、太平天国の乱は北京にいた満洲兵やモンゴル兵にはまったく手に負えず、最後にイギリスが鎮圧したのです。これが清朝の権威失墜のスタートとなっていくのです。

太平天国の乱のスローガン「滅満興漢」のウソ

太平天国の乱では、「滅満興漢《めつまんこうかん》」がスローガンとして唱えられたと言われますが、本当はそのスローガンが生まれたのはずっと後のことです。漢民族が清朝から国を奪還する運動である「滅満興漢」を言い出すのは、一九一一年に辛亥《しんがい》革命を起こした前後で、実はかなり後のことなのです。

歴史の教科書などで、太平天国の乱と「滅満興漢」が一緒に出てくるのは、毛沢東が書き直させたからです。アヘン戦争の後から、すぐに清朝を倒す漢族が力を持ったかのような歴史にしてしまったのです。自分たちの出発点が軍閥なので、最初から「滅満興漢」というスローガンがあったように言っているだけなのです。何でも古いほうが重みがあるので、なるべくさかのぼらせたいというのが、歴史の陥《おちい》りやすい悪い一面です。

南方では、清朝は頼りない、清朝が給料を払っていた満洲軍も頼りないという状況でした。むしろ漢人の軍隊のほうが頼りがいがありました。それで漢人の意見が大きく通るようになり、漢人将軍が威張り出すことになります。南のほうが人口も多いわけですし、これが引き続き太平天国の乱の一部が飛び火して甘粛《かんしゅく》省のイスラム教徒の乱になり、新疆《しんきょう》に飛び火して新疆のトルコ系イスラム教徒（いまのウイグル人の祖先）の乱になりと、ずるずると広がっていったのです。

また太平天国の時、乱の制圧に働いた将軍、義勇軍の曾国藩《そうこくはん》らも漢族ですが、実際は清朝側の人たちです。彼らは清朝の皇帝との関係を大事にしていました。ですから、こちらも「滅満興漢」まではいかない。彼らは反乱軍を清朝側に立って鎮圧したのですから。清朝のお墨付き、皇帝のお墨付きをもらった地方軍です。だから、最後まで新疆の平定などをして清朝のために働いていました。その系統に連なるのが、後に北洋《ほくよう》艦隊を率いて日本と戦う李鴻章《りこうしょう》になるというわけです。

清朝皇帝に中華思想は生まれない

先ほど、清朝がイギリスを野蛮人とみなしていたという話をしましたが、そういったことは中華思想の影響だとよく言われます。しかし、その中華思想という言葉が大問題で、「清朝＝中華」と考えているのが普通の中国学者の問題点です。つまり、中華ということ自体がまったく定義されないで使われています。普通、中華帝国と言いますが、中華というものを取り出して定義した人がほとんどいないのです。

中華思想とひとくくりにしてしまうと、文化の中心であるとか、ヒエラルキーであるとかイメージするでしょう。しかし、満洲人という支配層をどう考えるかということが完全に抜け落ちています。

つまり、皇帝の世界観イコールその土地に住んでいる人の世界観かと言われればまったく違います。乾隆帝という皇帝が一人で返事したことを、そのまま中華民族や中華思想だと言ってしまうことは変なのです。大臣や家来たちがどう思っていたか、役人はイギリス人についてどう考えていたかということは、中華思想とはまったく別の問題だからです。ですから、ひと言で「野蛮人」「文明人」というように整理してしまうこと自体がおかしいのです。

それでも、乾隆帝が実際に「地大物博」と思っていたということは本当です。乾隆帝自身は最大版図を立てた皇帝で、世界に恐いものもなく、自分が本当に世界の中心で、いろいろな種族が自分に頭を下げてきました。イギリスをそんな民族の一つとみなしたということは本当のことです。実際、イギリス人は少人数でしかやって来ないし、乱暴な民族で漢字も知らない。ラシャしか持参しないで、文化もあったようなかったようなという感じです。

乾隆帝の知識としては、中央アジアからロシアまで入っていました。インドでもどこでもすべてを知っているわけです。すでに乾隆帝時代には、ロシアを通じた貿易が盛んになっていたのです。そのロシアはイギリスとライバル関係にあって、ロシアのほうがアジア貿易に関してはユーラシア大陸を北まわりで来て、イギリスをリードしていました。

こういった関係があることが、中国史学者の視点から抜け落ちています。一つずつ別個の関係しか見ていないので、後ろ側の微妙な関係が抜け落ちてしまう。清朝自体も建国から最後まで同じだったわけではなく、私の考えでは、乾隆帝の時から堕落が始まったようです。清朝の最大版図になった時に、ほころびが始まりました。金銭面でも下り坂に入り、人間の克己心も緩んでいきました。

清朝が緩んだもっとも大きな理由は、ジューンガルを平定して安心したことです。ジューンガル帝国は、私の専門分野で、『最後の遊牧帝国』（講談社選書メチエ）という本で書いていますが、中央アジアの大帝国でした。これが清朝建国以来の最大のライバルで、一番不安定な相手でした。モンゴル系の最後の遊牧帝国です。清朝は新疆もチベットも、すべてジューンガルとの関係で手に入れたのです。そのジューンガルを一七五五年に平定して、一七五九年にいまの新疆が清朝の領土に入るのですが、やれやれよかったというので、これで清朝は緩んでしまったというのが、最近になってわかってきたことです。最大版図になったのは、ジューンガルが滅びたからなのです。

これで清朝に敵がいなくなりました。ロシアは清との貿易が大事なので事を起こす気はなく、その時はまだネルチンスク条約の境界線を守って北のほうにいました。ですから、清朝にとってもあまり不安がありませんでした。つまり、本当に平安がきたのが、その最大版図の十八世紀の後半だったのです。それ以来、清朝は努力をしなくなり、他国にアンテナも張らなくなって油断し始めました。

中華思想という話に戻りますが、この言葉はコンプレックスの裏返しの時に使うものなのです。つまり、軍事力で負けてはいるものの、文明はこちらのほうが高いという場合に持ち出す思想です。すごくおおらかで平安で軍事力もある時に、わざわざ中華思想とは言わないものです。ですから、乾隆帝は中華思想などを言う必要がなかったのです。世界中で一番大きな場所にいる、一番豊かな君主だという時に「俺たちはどうだ、文明が高いぞ」とは言いませんから。

中華思想を言い出す場合は、だいたい戦争に負けた時です。ですから、何でも中華思想で考えるのはおかしなことなのです。本当に実力がある時は、あるがまで豊かで大きいわけですから、思想、イデオロギーは必要ありません。しかし、アヘン戦争になっても、少しもまずいと思わなかったということが問題でした。清朝はアヘン戦争の敗北をまったく自覚しておらず、重大事だとは思っていなかったのです。

清朝は一時期、イギリスを漢字で書くのに口偏をつけて暎咭唎《イギリス》と書いていたことがあります。生口《せいこう》(野蛮人として)という意味の口です。しかし、そういったものもコンプレックスの表れなどではありません。漢字のわからない連中に、悪い漢字を使うということはコンプレックスとは関係がありません。

それは中国がいつもやってきたことで、相手を見下しているのです。中国人自身がこういった歴史をちゃんと勉強せずに、もともと本当のことを書く気もありませんから、彼らの言っていることはあてになりません。わざわざ探し出して言ったり理屈づけたりする時に、果たしてそれは正しいかというと信用できないことが多いのです。

ちなみにイギリスに口偏の字を当てて野蛮人とするというのは、取り立ててイギリスが強くて嫌だ、嫌いだというのとは違います。イギリスでは自分たちのほうを対等だと思っていますが、清朝は南のほうの野蛮人と同じように扱っているだけのことです。要するにカルチャーギャップで、互いに理解し合っていないと考えたほうがいいのです。

清朝はイギリスが大国であるという意識がありませんでした。イギリスは土地

清朝の最大版図と藩部

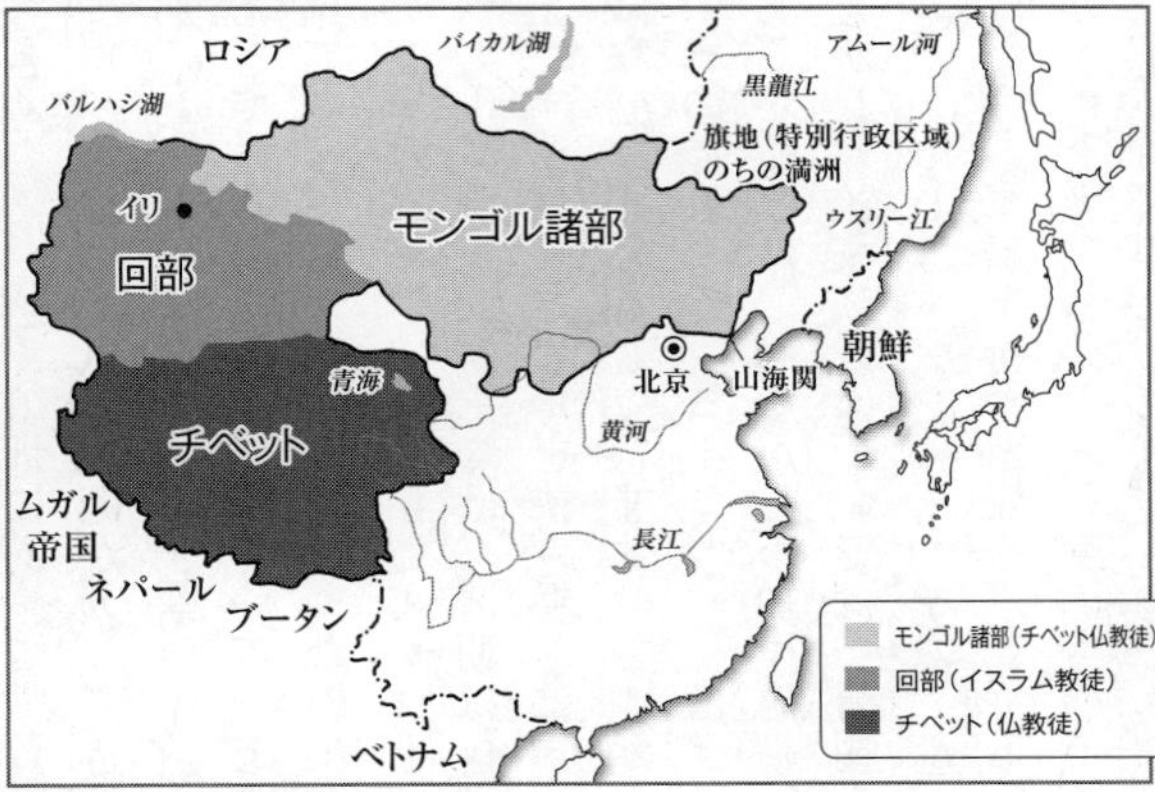

現代の中国の領土

［宮脇淳子作成］

も大きくなく、遠くの地にあって、貿易も少ししかありません。当時、清朝にはヨーロッパ経由で世界地図が入ってきていました。康熙《こうき》帝以来、天文学にも熱心であるし、ジェスイット（イエズス会）などのキリスト教の司祭たちが情報を持ってきているので、世界について一応の知識は持っているわけです。それで地図を見て「イギリスはこんな端っこの小さな島国か」と思うわけです。清朝皇帝はそのようにイギリスを理解していました。

ジューンガルに対しては、清朝はロシアにきちんと使節を派遣して調査をしています。ジューンガルを挟み撃ちにするために、十七、十八世紀にロシアを軍事作戦に誘ったりもしています。ですから、けっして世界の物事をわかっていないというのではなく、ヨーロッパにはどんな国がある、どこの国がどこの国の属国であるかなどは、あらかじめ知っていたのです。

しかし、イギリスについては、清朝からすればアヘン戦争までは強くは見えなかったのでしょう。しかも、アヘン戦争で負けた時も、「少し気をつけなければいけない、軍艦を持った奴らだ」くらいには理解をしても、それはモンゴル人が強かったと考えるのと同程度のものでしかなかったわけです。

ですから、われわれ日本人がこういったところで中華思想を持ち出してしまうことは間違いなのです。日本人が理解しやすくするために、現在のものの見方、枠組みを過去に当てはめているにすぎません。ある程度、便利な整理の仕方かもしれませんが、そうやって全部を枠組みにはめ込んでしまうと、抜け落ちてしまうものがあり、事実が見えなくなってしまうということが起こるのです。すべて中華思想に当てはめるのは、日本の中国学者の典型です。

わかりやすい言い方というのも大事ですが、それですべてがわかるかというと違います。おそらく中華思想という言葉は、日本の中国学者、シノロジストがつくり出したものです。中国人自身は知らなかったし、どうでもよかったのです。中華思想とは、日本人が明治以降に名付けた、一つの学説というか整理の仕方、枠組みなのです。

なぜこの時代に纏足が登場するのか

戦前を代表する東洋史学者である内藤湖南《こなん》は、中国では宋《そう》代（九六〇〜一二七九年）から近世が始まると論じました。ヨーロッパが封建制に抑えられていて、十七世紀、十八世紀にようやく近代化が始まるのに対して、中国では宋の時代から文化、印刷術、商売の活性化というようなものの萌芽《ほうが》が見られました。すでに個人の生活があった宋はヨーロッパより早く近代が到来していると、湖南は説明しました。

内藤湖南のおかげで宋の時代は有名になりましたが、その後の中国がどうなったかについては、近代化に当てはまらないことも多く、そこで日本人は思考停止してしまいました。

そんななかで岡田英弘だけが、中国文明の歴史を通して説明しました。中国は元《げん》の時代、モンゴル人が入って来たことによって中国だけの生活がなくなり、世界の歴史に組み込まれたために中国史そのものがなくなってしまうのです。つまり、アジア全体で一つの歴史となるのです。ですから、中国人だけを切り取ることがナンセンスなのです。

モンゴル時代は、町々にイスラム教徒（回族）が入り込んで、世界貿易の一つに組み込まれました。いまでも回族は中国にたくさんいますが、「中国人」という枠組み自体が、あの時代に雲散霧消《うんさんむしょう》してしまったのです。もともと中国史というものは幻想で、中国人だけの歴史はないわけです。

それでは、明の時代はどうだったのでしょうか。シノロジストたちは、漢族の歴史であると言い張りますが、入ってきた異民族（外国人）はすべてその地にいたのです。いったん世界の一つとなった土地ですから、全部出て行くはずがありません。明には軍戸《ぐんこ》と民戸《みんこ》といって戸籍が二つありました。遊牧民はすべて軍人で軍戸に属し、農民はそのまま民戸として税金を取られていました。結局、明の時代は研究できないことが多すぎたので、日本人には手に負えず、この時代をすっ飛ばしてしまいます。

そこで、清の時代にいきなり登場する「纏足」についてです。日本人が歴史を学ぶ時に、十世紀から始まっていた纏足を、なぜか清朝の時代で学びます。纏足は地方の風習のようなもので、明の時代は軍人の家族は纏足をしませんし、外国人もイスラム教徒も纏足をしません。しかも、明代の纏足の史料はまったくありません。

清朝で纏足が目立つようになったのは、宣教師が纏足や辮髪《べんぱつ》など中国で見聞したことを、せっせとラテン語やイタリア語などそれぞれの言葉で書いて、ヨーロッパの本国に報告したからです。そこで纏足がはじめて史料として登場します。

それまで地方の風習のようなものであった纏足ですが、確かに清朝時代に平和が訪れると人々にお金ができて纏足が流行したことは事実です。清朝が大統一して、一つの国という政治形態になったので、一部の風習が情報として拡散するようになりました。そして纏足自体も広まりました。

辮髪は清朝時代、満洲人の政策として、すべての男性に強制しました。つまり、満洲人は支配する人と地域を把握していたからこそ、こういった一体化、一元化ということができたのです。上流階級で、いいところへ嫁に行くために、娘の足を小さくするということが、実際に全国規模で広まりました。清朝で纏足が登場するのは、そういうわけです。

ここに戦後まもなく、日本の歴史学会がものすごく高い水準にあった時にまとめられた百科事典『アジア歴史事典』（平凡社）があります。纏足は五代後唐《こうとう》時代に始まったと書いてありますが、元末の漢文資料『輟耕録《てっこうろく》』に「昔の熙寧《きねい》、元《げん》豊《ぽう》（一〇六八～八五年）以前はなお纏足する者が少なかったが、近年は人々相ならい、なさざるをもって恥とす」とあるように元・明・清を通じて広まったのです。「ただし、モンゴル、満洲はこの風に染まず。旧来からいた少数民族もこの風を真似なかった」とあります。先ほど太平天国の乱のところで説明した客家も纏足をしていないわけです。

纏足の研究はだいたい日本人がしたものです。日本人は本当に事の始まりを探すのが好きで、明治以来学者が熱心に漢文を読みました。清末、外国人宣教師の纏足論をきっかけに改革論が起こりました。けれどもなかなか改革できず、一九一九年の五・四運動でなくなったということも書いてあります。

岡田英弘も戦後、台湾に行った時に、まだ纏足をしたおばあさんがいたと言っていますが、ユン・チアン著『ワイルド・スワン』（講談社）でも、彼女の祖母が纏足をしていたことが出てきます。彼女の祖母の妹は、一九一七年（大正六年）生まれなので纏足をしていません。祖母の妹が纏足をする年になった頃には、一九一九年の五・四運動で纏足がまったく廃《すた》れていて、しなかったと書いてあります。

古代の纏足の史料は一つか二つしかないのです。「五代後唐で、金の蓮《はす》の台で綺麗《きれい》に舞った女性がいて、その小さな足に憧れてするようになった」という伝承はありましたが、どういうふうに存在していたかというしっかりとした研究はありません。

とにかく、纏足が有名なのはヨーロッパの宣教師がたくさん書いたからです。私も昔、「辮髪や纏足は満洲人の風習ですか」と尋ねられた時に、「違いますよ。辮髪は北で、纏足は南。満洲人は辮髪はするけれども纏足はしない」と答えたことがあります。

「苦力」は中国の奴隷制度などではない

清朝の末期には、纏足と同様に中国独特の苦力《クーリー》というものが登場します。苦力とは低賃金労働者のことで、欧米列強がアフリカの黒人を奴隷としたようなこととはまったく違います。たとえば、華僑で出稼ぎに行った人も苦力です。港でものを運んだりといった肉体労働をする人たちで、賃金をもらわなければ働きません。

「クーリー」はイギリス人が清国に持ち込んだ言葉で、英語で［coolie］というスペルです。もともとインドのタミール語の［kuli］で、手間賃・賃金という意味でした。「苦力」は当て字です。日雇い労働者、低賃金で働く下層労働者のことですので、日本で言うなら人足《にんそく》でしょうか。

当時、清朝は爆発的に人口が増加しました。一億、二億、四億と増えていきました。土地も限られていたので、安い賃金で働いて日銭を稼ぐ層が中国全土にあふれました。もともとの漢族の土地から新しい土地を開拓して、山のほうの少数民族地帯にどんどん村をつくっていきましたが、とうとうそれも限度がきて、あぶれた人間は行くところがなくなりました。そこで外国、海の向こうへと飛び出します。マレーシア、フィリピン、インドネシア……。海外へ行ったといっても、いわゆる華僑とはちょっと違います。

普通、海外で商売している華僑のイメージは、しっかりした家柄で漢字もできる。商売ネットワークに乗って、地元と海外の間で商売をして、チャイナタウンをつくっているというような、中上層階級のイメージが強いと思います。

ところが、そのような華僑ではなく、肉体労働者として海外のどこにでも行った人たちもいます。アメリカが大陸横断鉄道を敷くために労働力が必要だとすると、たとえばサンフランシスコまでの鉄道建設のために、儲かるからといって斡《あっ》旋《せん》業者が人を集めました。苦力は、そのような金儲けの話に乗って、奴隷を運ぶ船と同じような船で海外へ渡っていきました。別に首に縄をつけられて連れて行かれるのではなく、自ら金儲けに行ったのです。ただし、劣悪な労働環境で死者も多数出て、大陸横断鉄道建設では実際にたくさんの中国人苦力が犠牲になりました。

苦力とは、清朝が外国に奴隷を売ったというようなことではありません。奴隷という言葉の定義が必要ですが、中国には〝奴隷制度〟〝奴隷階級〟というものはありません。大昔の殷《いん》・周《しゅう》の時代などでは、戦争に負けて捕虜になり、いつでも平気で首を斬られてしまうような階層が登場することはあります。しかし、捕虜は奴隷ではありません。

満洲人は〝家内奴隷〟を持っていたのですが、家内奴隷という言葉自体も正しくはありません。言いかえれば使用人です。階級とすれば召使いで、それを包衣《ボーイ》と呼んでいました。「家内奴隷」と翻訳する人がいますが、アメリカの黒人奴隷を想像するとまったく違います。

モンゴル人も戦争で負けた者を捕虜にして、一生の間、自分に奉仕させるということはありました。もちろん厳しく税金を取りますが、それも奴隷かといえば少し違います。〝奴隷制度〟という言い方をすれば、中国では〝ない〟としか言えません。しかし、その土地土地の名士、郷士らの下にいた小作人、いわゆる水呑み百姓というような人はたくさんいました。その人たちはひどい生活をしていましたが、奴隷ではありません。結婚もできました。生まれた子供は借金があればかたに取られますが、やはり金による人間関係です。

金もなく人格もなく動物扱いされる奴隷とは、おそらくマルクス主義者が言い出したことだと思います。人間を人として扱わず誰かの所有物にして、物のように売り買いして、というのがマルクス主義のいう奴隷です。しかし、それは世界的に見て、継続的にありかなしかという段階から考えたほうがいいのかもしれません。

中国で奴隷のことを考える場合、宦官《かんがん》について言ったほうがいいでしょう。中国語の〝臣〟という言葉が、もともと奴隷という意味があります。つまり国家はイコール皇帝ですが、その皇帝に何もかもすべてを捧《ささ》げて、自分をなくした「臣」です。私はあなたのものですという言い方で、これが本来の官僚のようです。その考え方は満洲語の「ボーイ」に該当して、個人に対して尽くす家来、下僕を意味します。奴隷の「奴」という字は、自分のことを「私は」と言う時に「奴」と呼びます。つまり、「あなたのしもべ（奴才）である私は」というように、へりくだって主人を立てるという関係があります。

それを外国の宣教師が字面《じづら》通りに受け取って、奴隷がいると本国に報告するということはあります。アジア的なへりくだりをヨーロッパ人は文字通り解釈して、奴隷のようだと説明している文章は存在しているからです。

ここでいう苦力というのは、いまの民工と同じで、金を稼ぎに行っている人、それをすべて苦力と呼んでいるのです。別に外国人に使われている人だけが苦力ではなく、中国国内の貧乏な労働者も苦力です。

こういう人は昔からいましたが、ただ大きな仕事がなければ稼げません。昔は川の工事であるとか、土地の普請《ふしん》作業のようなものに農民を駆り出して働かせ租庸調《そようちょう》のように、税として使っていました。港ができて外国人が来て町ができて、常時、荷揚げや荷降ろしのような労働の場所ができると、そこに労働者階級が生まれます。そうすると土地とは関係なく出身の村から切り離されて出稼ぎにやって来た人間が現れます。そういう労働者は男だけで来ます。つまり、苦力とは奴隷ではなく、江戸時代の人足のようなものなのです。

なぜ歴史の教科書で西太后を学ばされるのか？

中国の歴史というのは基本的に二つの流れがあります。北族の時代と南族の時代とでも言えばいいのか、中国王朝の四分の三は北から入った人たちの王朝です。有名な王朝は北魏《ほくぎ》、隋《ずい》、唐《とう》、遼《りょう》、金《きん》、元、清ですが、北方の民は実は全部女が強いのです。

唐にも有名な則天武后《そくてんぶこう》がいました。遊牧民はもともと男女ともに自立心があるのですが、摂政を指す監国《かんこく》皇后という称号があるくらいで、皇帝が死ぬとすぐには後継ぎが決まらないので、一時、皇后が国を治める制度があったくらいです。モンゴルでも女性の権力は意外と大きく、契丹《きったん》なども皇后が強くて自分で軍隊を持って戦ったという話など数多く残っています。中国史をつくる人は、そういったことを注意しなさすぎです。あくまで皇帝や官僚、宦官は強いが、女性は後宮にいておとなしくしているという感じでしか見ていないのです。

西太后（1835〜1908）

中国史にはとにかく女性が政治について助言をするという話が、実は散見されます。ここでよく教科書にも登場する西太后《せいたいこう》についてお話ししますと、彼女は清朝のなかで皇帝だったわけではなく、あくまでも皇后の地位のままで政治を行なったということが特徴的です。彼女は側室出身ですが、満洲のなかではいい出自でした。

しかし、なぜ西太后が表に出たかというと、皇帝の能力が低かったと言うべきでしょうか、何はともあれ皇帝が優秀であれば女性は表には出ない存在です。とはいえ、皇后はそもそも清朝の始まりから大事にされていました。遊牧民や狩猟民の風習では支配層を形成するのに結婚関係がとても大事な役割を果たしています。どこから嫁が来て、どこに嫁をやって、という親戚関係で支配階級が出来上がっているわけです。

満洲人とモンゴル人が結婚関係に入って、清朝の支配階級はだいたいが姻戚筋になりました。つまり、女性が結節点となっていたということです。ただし、中国人官僚が書いたものには、こういった話は絶対に出てきません。

前にも言ったように、後に共産党の毛沢東が歴史の書き換えを命じましたが、彼は古い歴史には興味がありませんでした。本当の歴史を書くわけではないですから、自分の政権にとって大事なところしか興味がありません。清朝も末期だけ、それよりも中華民国以来の歴史のほうが重要だったのです。もっと昔はというと『三国志』や『水滸伝《すいこでん》』が好きな人ですから、いまの日本のビジネスマンと同じような関心しかなかったのです。

毛沢東は日本の影響力をなかったことにしたかったので、アヘン戦争から屈辱の近現代史が始まったと書かせました。そういうと、日本人は、いかにも毛沢東がアヘン戦争からきちんと歴史を書いたと思ってしまいます。しかし、都合のいいところだけを適当に並べるだけで、真面目にイギリスをどう捉えるべきかなどということは考えていないのです。

それなのに、毛沢東が書き換えさせた歴史に何でも当てはめて考えてしまうのが、日本人の悪いところです。日本人なら、近現代史がアヘン戦争からであれば、それを他の歴史とどう辻褄《つじつま》を合わせるかと考えるでしょう。しかし毛沢東にとって、そんなものは合わなくてもいいわけです。

ところで、西太后がなぜ有名なのかというと、ヨーロッパ人がたくさん西太后のことを書いたからです。だから現在、西太后について山のように史料があるのです。先ほどの纏足の話と一緒です。ヨーロッパ人から見れば、女帝は目立ちます。しかも彼女はいろいろな人と会っていますし、顔も見られています。それをヨーロッパのジャーナリストが面白半分に書き立てたのです。普通に中国史のなかだけで収まっていたら、あれほど有名にはなっていません。

彼女は若い皇帝の摂政をしていましたし、一番いいニュースのネタになったでしょうから、それはもう世界中が面白がったと思います。摂政をしていましたから、まずいこともたくさんしましたし、息子との仲もよくなかったようです。

しかし、彼女が政治の中心にいたのは、多くの保守派の大臣たちが周囲を固めていたわけですから、ある勢力の代表であったことは確かです。近代化を抑えて変法運動を潰《つぶ》したと悪口を言われていますが、あの時、日本に見習って近代化を進めようとした人たちは、実力のない若手でした。ですから、彼らの言うことを聞いたからといって上手くいったかというと、むしろ悪くなっていた可能性もないわけではなかったと思います。

軍閥の起源は太平天国の乱にあり

清朝末期の一八五一年に始まった太平天国の乱が、南京を中心とした客家の乱だったということは、前にお話ししましたが、この太平天国を鎮圧した勢力がのちの軍閥へと成長していきます。

はじめは清朝の正規軍である八旗兵やモンゴル騎兵が、太平天国の乱の鎮圧に向かいました。ところが、もともと彼らは草原の騎兵なので、水が多くある町を包囲するにはまったく役に立たず、モンゴルの有名な将軍も戦死してしまうほどでした。八旗兵やモンゴル騎兵は大苦戦を強いられて、乱を平定できずにいました。

　太平天国の乱を起こした客家軍は土地をどんどん荒らしました。そこで地方の郷紳、地主たちが清朝の軍隊はあてにならないといって、自分たちで金を出して自警団をつくりました。その自警団が発展して義勇軍「郷勇」「郷団」となります。曾国藩が組織した湘軍《しょうぐん》もそういった自警組織が発展したものです。

　郷勇に対して、清朝は当初、自衛してくれることを歓迎していました。そして、イギリスの軍隊も加わって太平天国を鎮圧することに成功しましたが、その時に、郷勇の側から「騎兵が役に立たず自分たちで軍隊をつくったのだから、この土地の税金は自分たちが、この軍隊のために利用する」と言われました。

　清朝は、この軍隊に対して「就地自籌《しゅうちじちゅう》」（駐屯や進軍に必要な経費を現地調達してよいこと）を認めました。反乱が鎮圧された後、清朝政府は許可を取り消そうとしましたが、すでに軍隊の既得権益と化していたこの慣習を完全に廃止することはできなかったのです。そして、郷勇は独立軍のようになったわけです。

　前にも言いましたが、地方の税金は中央から派遣された県知事が集めて一部を中央に送り、残りの金で地方を治めるというのが、清朝の統治システムでした。しかし、中央から派遣される県知事ではなく、自警団の軍隊が税金の徴収権を握ってしまったわけです。これが軍閥の始まりです。

中国のことですから、いったん手に入れた権利は絶対に手放しません。太平天国の乱が終わった後も、権力は中央に戻りませんでした。これで清朝は弱体化していきます。何かあるたびに、中央が頭を下げて地方に軍隊を出してもらって、その地域の税金徴収権は手放していったというわけです。

そして結局のところ、地方は自前で軍隊をつくるような将軍ばかりになっていきます。この太平天国の乱の頃に、支配階級の満洲大臣の発言力ががくんと減って、漢人将軍の発言力が強くなるのです。後ろには自分の故郷に自分の支持者である金持ちのスポンサーと軍隊が控えていますから、どんどん力をつけていったのです。

そうすると、清朝政府とすれば満洲大臣の言い分より、漢人将軍の言い分を聞かなければならなくなります。ここで満漢の力が逆転したのです。これが軍閥の起源ですから、地方軍が太平天国を鎮圧したということは、とても重要な歴史の転換点です。これが清朝末期に外交を一手に担った李鴻章までずっと続いていくわけです。

李鴻章の北洋軍も、清朝の国軍かというと怪しいところです。半分、彼の私軍です。いろいろな軍が清朝にありますが、けっして国がそれらをすべて把握しているわけではありません。把握していたのはモンゴル騎兵と八旗兵だけでした。

清朝の転換期は、さらに太平天国の乱が引き金となったイスラム教徒の反乱で決定的となります。このあと各地でゴタゴタし始めますが、これを清朝の崩壊と考えるのはどうでしょうか。地方で力をつけてきた漢人将軍も清朝の将軍ですから、まだ一気に中華民国の成立とはいかないからです。

太平天国の乱とイスラム教徒の反乱で、中央の軍隊の力は相対的に弱まりました。だからといって、それに代わる正統的なものがあるかというと、やはり清朝皇帝に代わるものはありません。本当に清朝が弱ったのは、一九〇〇年（明治三十三年）の義和団の乱（北清事変）の後からです。北清事変で敗れて、外国に金を返さなければいけなくなったのが大きいのです。もちろん日清戦争で日本に負けて、列強が「何だ、清朝は弱かったんだ」と突っつきに入ってきて、やりたい放題になったということがもっとも大きな原因です。

清朝の弱体化の順序と過程を考えると、この段階では、まだ「中国人」というものができていないですし、それぞれの地方の軍隊もまだ地方どまりです。問題は、中国が中華人民共和国になるまでずっと、各地方の軍隊が少しも国家のことを考えないという状態が続いたということなのです。

アヘン戦争、太平天国の乱で中国は半植民地化していない

これまでの話をまとめます。一八四〇年のアヘン戦争から太平天国の乱が終わる一八六四年までの二十五年間で、中国は完全に列強による半植民地化の道を進んだと多くの日本人が思っています。しかし、これは毛沢東がつくった偽りの歴史です。

列強が植民地化したのは沿海の地域だけで、いきなり内陸まで植民地化することなどあり得ません。共産党のつくる歴史は、本当は自分たちの内部の勢力争いで多くの人が死んでも、帝国主義の列強が悪いとなるのです。

岩波新書の『中国近現代史』（小島晋治・丸山松幸著）には、「このアヘン戦争と南京条約を、中国近現代史の起点、つまり半植民地・半封建社会への変化と、これにたいする抵抗、ならびに抵抗を通じての自己変革の起点とみなしている」と書かれています。しかし、この時点で中国という名前もなければ国家もありませんし、起点も何もありません。この記述はまったくのウソで、毛沢東が決めた

現代中国の歴史をそのまま翻訳しただけのものです。

また、アヘン戦争後も半植民地、日清戦争後も半植民地であると言いますが、一つの言葉だけで決めつけるのは学問的態度ではありません。科学的社会主義などと言いますが、どこが科学的で、どこが学問的なのでしょうか。アジテーターという類《たぐい》の人たちは、言葉をきちんと定義しないで言葉を駆使する天才なのです。ただ言葉の独り歩きとムードで言っているだけで、本来の意味は何かということにはまったく関心がないのです。

話を戻しますが、この時期の列強は、中国も日本も一緒くたに考えていました。アジアのことをまだきちんとわかっていませんでした。対する日本はというと、一八四〇年に始まったアヘン戦争の情報は、もうその年の内に届いていました。太平天国の乱の終わり頃の一八六二年に、江戸幕府が派遣した千歳《ちとせ》丸に高杉晋作が乗り込み、上海に行ったことが目立つため、このことはよく引き合いに出されますが、幕府はアヘン戦争でイギリスが大砲をぶっ放して、清国を開港させたことを早々に知っていて、政策転換していました。

それまで異国船（当時はロシア船ですが）を打ち払うことを政策としていた幕府も、「ドンと大砲をぶっ放されたら、まずい」と考えて、水と食糧は取り引きに応じようという政策に変わりました。日本は情報に対する対処の仕方がとても早かったのです。

この頃から、清朝でも海の防衛論議を説いた本、魏源《ぎげん》の『海国図志《かいこくずし》』などが出版されるようになり、日本でも漢籍から翻訳していました。また、オランダ語ではなく英語の勉強も始めます。一八六二年に高杉晋作が上海に行ったのも、この時に見に行って衝撃を受けたのではなく、すでに情報として知っていて、それを確かめに行ったのです。

アヘン戦争以降、日本にたくさんの情報が入り、下級武士たちの勉強が始まります。ペリーが来た頃には、外国の知識は十分にあったのです。

もう一つ言いますと、ペリーが来た時、すぐあとにロシア極東艦隊司令官プチャーチンが長崎に来ています。ロシアについては、ロシア使節レザーノフが漂流民を長崎に護送してきたのが一八〇四年、間宮林蔵《まみやりんぞう》のアムール探検が一八〇九年、ゴローニン事件があったのが一八一一年です。一八〇〇年代前半には、すでにロシアの船がどんどん通商を求めてきていて、日本人は北の脅威というものをわかっていました。アメリカの刺激ばかりが言われますが、列強は南北両方から来ていて、世界は動いていたのです。

第二章

中国に本当の西洋化など存在しない

〔1861〜1900〕

中国の歴史はウソだらけである

この章では、清朝が西洋化の道を歩み始める十九世紀後半の話に入りますが、その前に中国人の歴史の捉え方について少しお話ししておきます。

『ラストエンペラーと近代中国―中国の歴史10』(菊池秀明著、講談社)という本がありますが、この本は、基本的に中国に甘くて日本が悪いことをしたと思わせるように書いてあります。同じことを言うのに、中国については大甘なのに、日本については厳しいのです。それにもかかわらず、データや逸話では私の思った通りの話が出てくるので、データと逸話そのものは真実であると思います。逸話などで中国にそんなに辛口に書くということは、それはわざとつくった話ではなくて本当にあった話だと言えます。

ともかく、知っておいていただきたいのは、中華人民共和国が成立する以前には、中国といってもすべて別々の、違った地域の話だということです。しかし多くの日本人は、いまの中華人民共和国の領土はもともと中国という一つの国で、日本が中国のなかの満洲を侵略したと思っています。では中国人自身が実際に何をしていたかというと、満洲という土地のなかで権力闘争をしていました。しかし、いまの中国は、平気でウソをついて話をずらしてしまうのです。

満洲はもともとは中国ではありません。いまは中国ですが、現在は中国の領土なのだから歴史のはじめから「そこは中国である」と言い張るのが中国人なので、そういう筋道でしか歴史を書かないのです。

これは時代錯誤以外の何ものでもありません。中国がみずから歴史的な因果関係を説明するようなことはしないのです。現在の正当性を証明するために、都合のいいところを抜き書きしてこじつける。すると、すべて日本が悪いということになってしまいます。

中国の言い分は、〝歴史〟ではなく〝政治〟なのです。あるいは政治的プロパガンダと言ったほうがいいかもしれません。歴史の因果関係を述べているというよりは、「自分たちは正しい」と正当性ばかりを主張しています。なぜ事件が起こって間違った方向に進んでしまったのかということを説明する時も、まず自分たちの〝いま〟が正しくて、その視点に立って、「ここが変、あそこが変」という書き方をしているのです。虚心坦懐《きょしんたんかい》に古いところから時代を順にたどって出来事を見るというような精神は、彼らは持ち合わせていません。

私たち日本人が歴史を考える場合、淡々と真実を追求することが好きで、それが学問だと思っています。私たちは、この事件は何が原因で、だからこういう結果が生じたと考えるのですが、中国人は、たとえ日本人が因果関係を説明したところで、いまの日本にとって都合がいいからそう言うだけではないかと考える民族です。そうなると、どこまでいっても完全な認識の食い違いです。

結局は水掛け論になって、両者とも何とでも解釈できるし、自分たちに都合がいい歴史だけをつまみ出すと、両方ともに正しい歴史として見えてしまうのです。たとえそれが相手を貶《おとし》めることを意図していなくとも、結果的にそう見えてしまうのです。

言いかえれば、日本が正確かつ正直に歴史の重要な部分を挙げて理由を説明したとしても、中国は日本にとって都合のいいところだけつまみ出したに違いないと思うわけです。なぜなら、そもそも自分たちがそうしてきたので、相手を信じていないからです。

ですから、近現代史は大変やっかいです。いま日本で出版されている中国史の本も、読む前から中国が悪なのか、日本が悪なのか、著者がどちらのスタンスで書いているかはっきり決まっています。読む側も、たとえばこの著者が書いたのだから日本が悪いという論調であろうと思って読むわけです。もし中国が悪いという内容を書いたら、読者は「お前は日本悪の側だったはずだろう」とたちまち怒ってしまいます。

近現代史の本はこうなるのが関の山です。あまり希望がないというか、将来がないというか、あくまでもそれをわかっていて書かなければならない。しかし、たとえば私の満洲に関する本などは、なるべく意図が入らないように、著者の感情を入れずに歴史の順序に沿って書いています。すると今度はポキポキした年表のような本になってしまいます。

私は今回も年表をしょっちゅう見ています。さすがに日本人のつくった年表はあてになります。岩波の年表は事件を意図的に抜いていることがあるので参考にはしませんが、普通の年表なら、出来事は普通に並べられています。ですから、歴史を客観的に考える時には、年表を見ることが一番ましだと思っています。

先ほどの『ラストエンペラーと近代中国―中国の歴史10』では、日清戦争の時に日本が殺した話だけを書いていました。なぜわざわざその出来事を取り上げるのかと考えると、実は年表ですらつくった人の意図が入っています。相手が殺したのはその何倍あったかという記述はありませんし、出来事をエピソードとして取り上げた段階で、すでに思想的な意図が見えてくるのです。

中国人は他人をまったく信用していない

日本人と中国人の歴史観・世界観の違いは、二〇一一年三月の東日本大震災でもあらわになりました。

日本人は歴史を、実際にあったこととして大事にします。たとえば祖先が三十代も四十代もこの土地で暮らしてきたという実感を、ありありと持っています。ですから、今回の津波でも、明治時代にも何十メートルも越す津波が来ていたこと、さらに昔の一千年前にも大きな津波が来ていたのに、もっと気をつけていればよかったと考えます。日本人は自分が経験をしていないことも、ウソだとは思わず本当のことだと認識しています。そういう意味では他人を信用しています。

言いかえれば、歴史を信頼しているのです。

一千年前にも大きな津波があったにもかかわらず、いまも文明が続いているという意識がみんなに共通してあります。明治時代にも津波があっても、こんなに復興して幸せな生活を続けてきたのだから、今回の地震の津波からも復興できると考えることができます。

これは、あの敗戦の焼け野原からでも、これほど立派な国を復興したのだという歴史観と同じです。つまり、敗戦の時は日本列島のほとんどが焼け野原だったというのは、日本人の共通体験として信じています。戦後生まれの人ですら、おじいさんやおばあさんから聞いたり、写真を見たりして「本当だ」と、人の言ったことをそのまま信用する、それが日本人なのです。

ところが、たとえば韓国は、いまでも歴史を改ざんし、自分たちに都合のいいことばかりに書き換えています。歴史ドラマでも絢爛《けんらん》豪華につくり変えています。それはつまり、韓国人が古い時代に重要性を持たない、真摯《しんし》な気持ちで歴史を見ていないあらわれです。つまり、過去をただ単に自分が生まれる前のファンタジーやテーマパークのようなものとみなし、遠い昔の話といまの話には何のつながりもないものと捉えて、時間の流れに対して本気に向き合っているとは思えません。出来事が本当にあったのだとは思っていないのではないかと思います。

中国人については、とくに他人を信用しません。誰かが言ったことに対して本当だとは絶対に思いません。福島第一原発の放射性物質に対して、日本人はパニックに陥っていないと言われても、ウソだろうと思います。日本政府が大丈夫だと表明すれば、ますますウソだろうと思うのです。とにかく、他人から言われたことは頭からウソだろう、私たちは本当のことは何も知らされていないとパニックになります。

これほどパニックになるということは、文明も人間も浅いということです。信用できるのは自分だけ、違う人間が言ったことは信用しない。すると、自分ですべてを処理しなくてはならないので、あたふたと走り回るしかなくなるのです。台湾人も日本中がすべて被曝《ひばく》したと思ったそうです。ニュースでは女性キャスターがヒステリックな悲鳴を上げて、日本からくるものはすべてシャットアウトするくらい、ものすごくエスカレートしました。

こういう事態になって、日本人と中国人、韓国人の世界観の違いがものすごく表面に出ました。私が教えている大学の中国人の留学生は、帰国した人も若干日本に帰ってきました。奨学金につられてという面もあるのでしょうが、やはり以前に日本を知っていたということが理由でしょう。とはいえ、中国人は目に見えないものを非常に恐れます。彼らにとってみれば過去はなく、いましかありません。

そう考えてみますと、中国人は都合のいい歴史だけを信じているというわけでもありません。歴史自体をまったく信じていないのです。彼らは歴史は将棋の駒の一つとしか思っていません。「歴史」という名前が同じなだけであって、中国人にとっては歴史もただの手駒なのです。

中国では偉い学者の言うこともまったく信じられていません。中国人はもともとお上の言うことは信用しない人たちです。学者が言うことは、「地位が高い人は誰かにお金をもらっているに違いない」としか見ていないのです。

孤立無援の中国人と、一体感を持って生きる日本人

それにしても、日本人はなぜパニックを起こさなかったのでしょうか。理由の一つとしてあげられるのは、日本人は実は個人主義ではないということです。孤立無援で生きている日本人など存在しておらず、もちろん家族が大事ですが、たとえ血縁がなくても集団の中で安心する、自分が本当に心を許せる人のなかで生きている民族なのです。ですから、一人ではありませんし、寂しくもありません。

今回、津波で家族全員を失った人たちは、周りから本当にかわいそうとかばわ

れて、ここでなら泣いてもいいよと取り囲まれました。避難誘導に率先して亡くなった町長さんについては、自分の命を犠牲にして、私たちを助けてくれたと本気で感謝しています。助けられて自分が生き残った人も、死んでしまった人と一体感を持っています。その共感はものすごく、血縁のない日本人同士が助け合っていて、それは自分一人で生きているのではないという心からの安心感のようなものです。

その頂点に立っているのが、天皇陛下です。その下で、自分がたとえ病気になっても、他の日本人がちゃんとやってくれれば、私は不幸せではない、というようなすごく幸せな気持ちが昔の日本人にはありました。だから戦争中、特攻隊になっても日本が生き延びられればいい、将来の日本人が自分の代わりに生きてくれるというのは、ものすごい安心感だったと思います。

アメリカが日本に持ち込んだ民主主義や個人主義というのは、本当に薄っぺらなものです。他人を騙《だま》せるものなら騙してやろう、人の不幸をあざ笑うというような精神と、日本人はまったく違うところで生きてきました。

普通の日本人はたいへん正直で、ウソをつかないので他人を信用して生きています。同じ日本人でも、ウソをついている政治家や官僚や御用学者などは、本当の意味での日本人ではない、日本人の風上にも置けない奴らだとみなが思っているのです。つまり、尊敬できない人たちだと考えます。

日本は世界でもまれにみる豊かな国であり、人々は助け合って生きてきました。しかし、私はこれまで日本は本当に豊かでいい土地だと思っていましたが、実は同時に台風や津波など非常に天災の多いところでもあるのです。自然はいいこともありますが悪いこともあります。四季がありおいしい物もたくさん採れますが、必ず天災がきて多くの人が死にました。こういうことがあって日本の文明はつくられたのです。

中国人があれほどパニックになったのは、誰も助けてくれない、自分一人だという孤立無援の不安感が引き起こしたものではないかと思います。私たちが東京にいて放射性物質がすごく心配だった時も、そこから逃げないのは自分だけではない、みなで踏みとどまろうという思いを持っていました。たとえ、西のほうに田舎があってもそれほど多くの人が逃げ帰らなかったのです。これが日本人なのです。

日本人は自分を捨てて他人を助けるのではなくて、他人と一体化した生き方をしていますが、戦後はこういった生き方が、個人主義がない、集団心理と非難されていました。しかし、日本人が「私は一人ではない」と考えることは、災害時には強いと思います。もっともこのせいで、組織が自分たちだけを守るために、東京電力や原子力委員会が本当のことを言う学者を排除して事故を起こしたというのは、皮肉なものです。

西洋化を目指した洋務運動は、現代中国とまったく同じ

さて、前置きが長くなりましたが、本題である清朝の西洋化の話に入ります。中国では一八六〇年代、第二次アヘン戦争に敗れた後、洋務運動が開始されます。洋式軍備のための軍事工場がその始まりです。しかし、これは清朝政府が導入したものではありません。

清朝には国家意識や国家主導などありません。中国の西洋化は、ここが日本とはまったく異なる点です。アヘン戦争の結果、開港させられて、港にはいろいろな列強の商売人がやって来ました。また商売人だけでなく、ヨーロッパから宣教師が来て、キリスト教の教会ができました。中国人のなかでも、ほかの中国人に勝とうとしてキリスト教徒になる者も出てきました。

また、漢字ができるヨーロッパ人も出てきて、ヨーロッパ人との関係を強める知識人階級も現れました。ヨーロッパ人と商売をすれば儲かるので、儲けた金を守るために自衛軍が必要となり、自分の商売相手の国から援助してもらい、武器を買ったり、工場をつくったりしました。いまの中国が外資企業の参入によって栄えるのと同じ構図です。

つまり、洋務運動というのは、中国という国がどうしたという話ではなく、イギリスやフランスなどの外国資本が金儲けのためにどんどん入ってきたということで、いまの中国とまったく変わりありません。洋務運動とは、日本の殖産興業のように、どこかの国をモデルにしたということではないのです。

事の始まりは、太平天国を壊滅させたイギリスのゴードン将軍のように強くなりたい、列強の武器が欲しいということでした。自ら軍を率いる李鴻章らが、私兵を強くするために、武器、弾薬、船舶（造船所）、製鉄所などの軍事工場をつくることから始め、運輸、通信、鉱山、紡績といった分野に広げていきました。これらはすべて私兵を強くするためで、民衆のためではありません。

西太后と李鴻章らが、武器工場も含めて江南製造局、金陵機器局、福州船政局、天津機器局の四大工場を建設したのも、李鴻章の軍を強くするためです。李鴻章は欽差《きんさ》大臣（全権大使）などを歴任しますが、清国として工場を建設したわけではありません。そうではなくて、逆に一番強く、大きな軍隊を持っているから大臣をやらせて、外国と交渉させたというのが正解です。

日清戦争では日本は国民軍ですが、清国側は李鴻章の私兵が戦ったと考えればいいのです。これが日本と清国の勝敗を分けました。ナポレオン軍とヨーロッパ諸国の傭兵《ようへい》との戦争で、国民軍であるナポレオン軍が強かったのと同じようなことです。

李鴻章らが行なった洋務運動では、一般の工業は「官督商弁《かんとくしょうべん》」という半官半民の経営方式を採用したと説明されることがあります。それはまったくの誤魔化《ごまか》しで、半官半民の〝民〟などありません。人民などいるわけもなく、民にお金があるわけでもない。〝民〟があるとすれば、軍閥の将軍たちということです。地方軍が民で、清朝の中央が官といっているだけです。

そこで問題は何をつくったかです。結局、強兵のための工場なのです。運輸・通信・鉱山・紡績とありますが、軍のためでなければ金儲けをするための商品をつくって外国に輸出したのかもしれない。まず国民を豊かにするための工場でなかったことは確かです。

国民生活の向上にとっては、電線を敷く、鉄道を敷設するということが必要なはずです。しかし、清朝末期の鉄道建設はすべて外資が行ないました。それぞれの国が自国が獲得した沿岸地域の租界から勝手に内陸に向けて鉄道を敷いただけでした。資源を運ぶ、食糧や水を運ぶための鉄道は外資が敷設《ふせつ》したのですが、それも半官半民と言うのでしょうか。

とにかく中央政府にはお金がありませんから、鉄道の権利はすべて外国のものでした。もともと国家予算というのが、私たちが考えているようなものと違っています。県知事が給料なしで現地に赴任して、税金を徴収してその一部を中央に渡しますが、その金はたかが知れた額です。戦争などの費用はすべて皇帝のポケットマネーから出さねばならず、それがどんどん減って苦しくなっていきました。ですから、太平天国の乱が清朝の国家財政を完全に疲弊させたのは確かです。

李鴻章（1823〜1901）

昔は専売と商業税で王朝を運営してい

ましたが、清朝末期にはお金がないので、外国の資本で鉄道を敷くと言われれば、ハイと返事するしかない状態でした。ロシアが敷いた東清鉄道などは、大臣にものすごい賄賂を贈ってつくられています。そして、利権の一部は宮廷にまわされたのです。官督商弁というのは、中央が許認可制で認可した、〝合弁〟外資とでも言うべきものだったのです。

自分たちは何もしない、名ばかりの洋務運動

もう一つ、日清戦争では両国に重要な違いがありました。日本は坂本龍馬の頃から武士が自分も船の竈焚《かまた》きをして、機械や船なども分解してつくり直して、上役も部下も一緒に汗を流してみなでご飯を食べていました。しかし洋務運動では、李鴻章の軍隊にしても他の軍隊にしても、機械類の操作はすべてお雇い外国人がやり、あとは苦力が言われた通りに働くというようなものがほとんどでした。

最近では、李鴻章は立派であったという日本人も出てきていますが、だからと言って日本人のようにみなで一緒に働いて国を守るというような精神があったか

というと、そんなものは中国にはありませんでした。

洋務運動も外国人の技術者を連れて来ただけで、自分たちが学んで同じようなものをつくれるようにはなりませんでした。いまの中国と同じです。ごっそり輸入するだけで自分たちで改良したものなどつくりません。コピーは上手いですが、そのコピーも形のあるもののコピーが上手いだけです。手先が器用なので、見た目を同じにつくることが上手いのです。

あなたは、いまの中国人が日本に買い物に来て何を一番欲しがるか知っていますか。化粧品とIC炊飯器です。なぜなら、グッチなどのブランド品は、ネクタイでも見た目そっくりにつくれるので買って帰っても誰も喜ばず、お土産としての価値はありません。しかし、日本の化粧品は、使えばそれが本物か偽物かがわかります。つまり、成分は見えないから真似ることができないのです。炊飯器にしても、中のセンサー機能は真似することができません。

そういったことは、すでにこの時代から同じでした。中国人は目に見えるものしか〝評価〟できない人たちなのです。中国語では「差不多一様（チャーブドーイーヤン）」と言いますが、ちょっと見が同じならば、微妙な差はいっさい気にしません。中国人は自分たちのつくる物が外見だけ同じならばそれでいいのです。これが日本との決定的な歴史の分かれ道になりました。

中国人がどうしてこのようになったかというと、根本に、物をつくるのは下々の者がすることだという儒教の考えがあります。偉い人は労働をしないで頭を使うのです。手足を使うということは、その人は偉い人に使われる下層階級ということなのです。偉い者は、偉いから動かない、偉いのだから技術は知らなくていいとなります。

これは実は韓国でも同じです。またヨーロッパでも似たような考え方があり、パリのユネスコ本部などでもスペシャリストとジェネラリストに分かれています。スペシャリストは研究、調査をしてデータを集めますが、ジェネラリストはその集められたデータを分析します。そして、みながジェネラリストになりたがり、ジェネラリストだらけでスペシャリストがいなくなったと聞きました。

ドイツなどではマイスターは尊敬されますが、日本の職人、技術者に対する評価とはまったく違います。日本人には技術に対する独特な尊敬というものがあるのです。

結局、中国の弱みは、自分で手を動かさない人が偉いとされていることです。中国は昔から文官と武官を比較して、いつも文官が上でした。なぜなら、武官は漢字を知らないからです。漢字を知らない人は下層、漢字を知っている人は上層、つまり手を使わない人ということです。

いまの中国も何か新しいものを生み出したのかというと、何も生み出してはいません。しかし中国は、日本が侵略したからノーベル賞が取れないなどと馬鹿げたことを平気で言っています。こうやって論理が飛躍してしまうところなど相変わらずです。外国人が悪くて自分たちは何も悪くないと考えること、これを中華思想と言うのです。ですから、中華思想などと言い出した時は用心することです。

この時代に使える大使は李鴻章ただ一人だった

洋務運動を推進した李鴻章については、清朝の最高為政者であり、当時、世界でも指折りの政治家だったという評価があります。しかし実際は、李鴻章以外に清朝にまともな人物がいなかったため、清朝のトップだったというだけのことではないかと思います。大国の首相だったので、世界的に有名だったのです。

当時、外国公使館がたくさん北京に置かれて、李鴻章を実際に知っている外国人が多かったのは確かです。清朝が大国だというので、各国の一流の貴族階級の人間が北京に派遣され、その人々が李鴻章と会って話をしたりしているのですから、有名にもなります。彼らが書いたものが残っていて、李鴻章は知識人で優秀な人物で、交渉相手としては最高だったなどと書き残しています。

確かに、日清戦争後の下関条約の時も、伊藤博文と漢詩のやり取りをするなど、インテリだったと言われていますが、彼が高く評価されているのは、他に人がいなかったというだけなのです。

つまり、李鴻章以外は外国人を相手にするほどの技量もなく、残りは武官だけであって、李鴻章だけが立派に見えました。彼が外国人との対外交渉を一手に握っていたので、中国史を学んでいても、この時代に李鴻章以外の人がほとんど出てこないのです。

本来、清朝においては満洲語ができなければ大臣にはなれなかったのですが、李鴻章は満洲語を一所懸命勉強しても、少しもできなかったと言います。「世界でも指折りの政治家として各国から尊敬を受けた」などというのは、中国に迎合した評価です。

西洋化で科挙はまったく役立たなかった

中国には官僚になるための厳しい試験である科挙制度がありましたが、洋務運動期にはまったく役に立ちませんでした。科挙とは儒教の教典である「四書五経」から出題した漢字の使い方の試験で、内容は詩と文章を書かせるのです。詩というのは漢詩で、漢字を正確に発音できるかどうかのテストです。韻を踏んで平仄《ひょうそく》を合わせて、漢字を間違わずに正確に使えるかどうか、という漢字の使い方を見る試験です。もう一つの文章のほうは、いかに古典を丸暗記しているかということです。

なぜ「四書五経」がそれほど重要かというと、そのテキストを知らないと互いにコミュニケーションがとれないからです。科挙の試験では官僚同士のコミュニケーション能力を見ているのであって、その人に立派な政策があるか、国の将来を考えているか、または新しいことを考える能力があるかということとは何の関係もない試験です。つまり漢字の使い方だけの試験です。

洋務運動期には多くの外国人と接するために、外国語ができる通訳官の役割が重要になりました。漢文を使っている中国人の思想は、ヨーロッパ人のそれとは大きなギャップがあります。というのも、漢字は実は見えているものを使ってコミュニケーションをするための記号であって、論理を組み立てることにはとても不向きな言葉なのです。

「四書五経」を使っている人たちの頭で欧米文明の言語を訳すことができるかというと、それはすごく難しいことです。日常的な言葉は訳すことができても、思想を置き換えることはすごく難しい作業なのです。

満洲人にはロシア語を学んだ人がいました。北京には通訳養成館という語学学校というか翻訳所がありました。そこでチベット語やモンゴル語、ウイグル語やロシア語を学んでいた専門家がいました。満洲人は、ジェスイット派などキリスト教宣教師のレベルが高かったので、キリスト教をまったく好きではないのに天文学や地理や数学を勉強していました。満洲語で翻訳した哲学書もあります。満洲人は割合熱心にヨーロッパのことを勉強していたのです。

宣教師も、漢字は難しいですが満洲文字はアルファベットなので、形を覚えればわかるようになります。そこから中国の資料に入っていきました。ベルギー人などの神父は、みんな満洲語から入っています。キリスト教の司祭たちも満洲語で勉強しました。

それに対して、南方の一般の中国人が果たして外国語を学んだかというと、欧米の言葉をきちんと勉強した人の話は聞いたことがありません。清朝時代の漢人で、英米仏語に通じていた人はいません。マカオなどに来た神父たちが、その土地の賢そうな子供に教えて外国語を勉強させたり辞書をつくったりというような話はあります。商売人ものすごく低いレベルの言葉を使ったかもしれませんが、思想的なことまで使いこなすことは無理でした。本当にトップクラスの上流階級で、語学に通じた人というのはいませんでした。

「中体西用」という洋務運動のスローガンがあります。精神は中国のままで、西洋の技術を用いるという意味で、日本の「和魂洋才」とも似ていますが、少し違います。目に見える技術だけを入れればいいというのが中国の「中体西用」ですから、中身や質をまったく気にしません。つまり、外国人たちとどれくらいコミュニケーションが成り立っていたかということが問題です。

また、そもそも当時の中国で漢字を使える人は一割以下でした。残りの人にとって、西洋文化というのはまったく関係のないものでした。中国人たちの迷信のすごさと言ったら、写真を撮られれば魂を取られるとか、キリスト教徒が開いた孤児院は子供を集めて心臓を食べているといった具合でした。

二〇一一年の東日本大震災の時でも、放射性物質に効くといって、塩を五トンも六トンも買い占めた挙句、何の効果もないので持てあましているというニュースがありました。百年経ってもこれですから、当時のもののわからなさといったら現在の比ではなかったと思います。

日本の台湾出兵の真実

さて、日本は明治維新から六年後の一八七四年（明治七年）に台湾出兵を行ないました。中国はこの日本の台湾出兵とその後始末にうまく対処できなかったので、いま頃になって損をしたと思っているはずです。

台湾出兵は、一八七一年に台湾に漂着した宮古島の島民六十六人のうち五十四人が台湾先住民のパイワン族に殺害されたことが発端でした。

日本政府の抗議に対して、一八七三年、清朝は台湾のパイワン族は文化の及ばない〝化外《けがい》〟だと答え、責任を回避しました。この清朝の回答によって、一八七四年、明治政府は台湾に出兵しました。同年、イギリス駐在大使の仲介により日清両国は互換条約を取り決めました。そこには、宮古島島民は日本国属民であると書かれています。

台湾は蛮族の土地で、清朝はそれまでも渡航を禁止していました。そのため日本は自分の国の国民を保護するために自分たちが出て行ったのです。イギリスは日本の行動を認め、宮古島は日本と確定したということです。日本が一枚も二枚も清朝の先手を打ったのです。

清朝では太平天国以来、李鴻章がこういった出来事に対して注視してきました。李鴻章の考えは、書かれた史料がないのでわかりませんが、日本がさらに来れば危ないと思ったということは大いにありえます。李鴻章だけは開明派だったのかもしれませんが、清朝は清仏戦争（一八八四〜八五年）までまったく何もしていません。清仏戦争でフランスが台湾海峡を封鎖したために、あわてて台湾を省に格上げしました。それまではうっかりしていたというより、そのような地に

台湾の先住民に殺害された琉球人54名の墓

目が届いていなかったということでしょう。

清朝からすれば、海南島も含めて台湾を蛮族の土地の一つとして支配している意識はあったでしょう。台湾出兵も、日本は台湾を取ったわけではなく、宮古島島民殺害の征伐に行っただけです。領土を取りに行ったわけではない、つまり、報復として罪を問うというだけですから、別に出兵はしてもこの時は領土的な問題は出ていません。清朝がパイワン族は文明の外といって処罰しなかったため、日本が出て行って処罰したのであって、国境問題とは関係ありません。

この台湾出兵を理由に、一八七一年に子々孫々までの友好を謳《うた》って結ばれた日清修好条規が反古《ほご》にされたと言っている日本人がいるようですが、反古になどなっていません。これを言うのは、どうしても日本が悪かったと言いたい人たちです。台湾出兵と日清修好条規とは何の関係もありません。それを、さも関係があるかのように記述して、信じさせようとするのです。

日本がしたことに非を鳴らすことができない場合には、史実を述べた後で「しかし」と付け加えるのが左翼のやり方です。日本がちゃんとしたことをした、それは歴史上仕方がない時には、読んだらそれを打ち消すように思えるものを付け加えるというのが常套《じょうとう》手段です。これはもう著者の考えというより、マルクス主義、社会主義のテーゼのように本当にノウハウがあるのです。そのやり方をみなそのまま使っています。

史実としては、台湾出兵があったからといって、日清修好条規は問題になどなっていません。そもそも、清朝にとっては台湾はそれほど大事な場所ではありませんでした。清朝が台湾を化外といった後に日本が出兵しているのですから、日本に非はまったくないわけです。しかもイギリスが脇で見ていて、それを承認しています。中国は後から「しまった」となったということです。

この翌年一八七五年の年初に同治《どうち》帝が死に、それで西太后と東太后が摂政に入ります。台湾のような隅っこのことなど問題にしている場合ではないという年だったのです。

台湾問題では、清朝が日本に五十万両を支払っています。日本が台湾に出兵したのが一八七四年五月、七月に増兵し、十月にこの問題が解決して、清朝は日本に五十万両支払いました。このことから、台湾は清朝であって宮古島は日本であったことがわかります。清朝にしてみれば、台湾は清であると認められているわけですから、金は払わされましたが損はしていないということになるのです。

琉球問題で負けを認めたがらない清国

台湾出兵の原因となった琉球のほうはというと、日本が台湾問題を解決した翌一八七五年（明治八年）に、明治政府は琉球に対して清との冊封《さくほう》関係の廃止を命じ、福州琉球館も止めさせました。その翌一八七六年には日朝修好条規が結ばれました。中国が朝鮮問題も含めて、日本に駐日公使を送ったのが一八七七年で、ここで琉球の清国入国阻止について日本に抗議しましたが、一八七九年に日本は琉球藩を廃して沖縄県を設置しました。

さらにその翌一八八〇年には琉球問題について日清協約を結んでいます。正式に琉球は日本国であるということを清国に認めさせた協約です。しかし、清国は調印を延期します。琉球を日本領だと完全に認めたくはない清国は、ぐずぐずと調印を延ばします。これにサインしてしまったら、琉球に対する発言権がゼロになってしまう、本当に琉球を失うことになると、清朝の中央政府でも少しはわかる人たちが出てきて、「まずい」となったのでしょう。

その後の一八八四年の清仏戦争で清国はベトナムをフランスに取られました。

そういった南方からの圧力で、これまで皇帝の権威が及んでいたところを失っていきました。このような自覚の始まりは、イギリスのアヘン戦争、アロー戦争によってではなく、日本によって生まれたのです。ですから、あくまで清国の近代化の先駆けは日本なのです。

一八七九年に日本が沖縄県を設置したことにも清国から抗議があったので、翌年に琉球問題について日清協約を結ぶことになったのですが、協約を結んだにもかかわらず、清国が調印を延期したというのは、「われわれはそれを望んではいない、しぶしぶ認めたんだ」という意思表示にすぎません。しかし、力関係からいえば、清国は日本に負けているのです。宮古島の島民を日本国民と認めてしまっているからです。宮古島は琉球の一部ですから、五十万両の賠償金を支払わされた時点で、沖縄が日本の一部であると言ってしまったことに等しいのです。

江戸の初期から、琉球は薩摩《さつま》藩の領土でした。薩摩は琉球が清と貿易をしているのは知っていて、彼らに貿易をさせたほうが薩摩にとっても役に立ったので黙認していたのです。

日本が沖縄県を設置したのは、日本が独自に行なったことです。それまでは、琉球は日清両属関係であって、自分たちの商売のためには両方と上手くやっていこうというのが琉球の考えでした。しかしすでに欧米列強がやって来て国民国家化が始まり、それに合わせた形を取らざるを得なくなってしまったのです。

つまり、国際的にきちんとした法律や条約を結ぶしかないところまで東アジアが追い込まれたということです。それに対して、いち早く対応したのが日本でしたが、それでも欧米との間では不平等条約を結ばされ、これを何とか解消するための努力を始めます。この考えが朝鮮半島と清国に波及していきました。

実は、かつては日本も大陸の王朝と一千二百年もの間、条約を結ばないで付き合ってきました。それは柔軟なやり方のほうが互いのためであるとわかっていたからです。日本も中国も、貿易をしたり通行したりと、その土地にいる人の自由に任せていたのです。日本は時には形のうえでは、中国に対して家来のふりをして書類を持って行ったこともありますが、それはそのほうが便利だからそうしたのです。

ところが、十九世紀後半からヨーロッパ式の論理、契約社会のようなものを押し付けられ始めたのです。どちらもがそれに抵抗してきたのですが抗しきれず、これが東アジアの戦争などにつながる問題の一つでもあります。

フランスにベトナムを取られたことが日清戦争の原因となった

清仏戦争で敗れた清国は、ベトナムの宗主権を放棄させられました。

そもそも清国はフランスがベトナムに来たことに強く抗議しています。ベトナムは清の朝貢相手でしたから、それに対してフランスは、ベトナム王は清国皇帝の家来かもしれないが、それはベトナム国民の与《あずか》り知らぬところだと言いました。

ベトナムの宗主権を放棄させられたことは、清国、そして日本にも非常に大きな影響を与えました。なぜかと言えば、「朝鮮は日本に取られる前に清朝にしてしまえ」という考えが高まったからです。ベトナムはフランスが大国だったために取られてしまいました。清朝は日本に取られる前に朝鮮を取らなければ、日本がフランスと同じことをしてきて、困ったことになると考えたのです。それが日清戦争の大きな原因であり、清仏戦争にその起源があったと言えます。そういった意味で、清仏戦争は非常に重要な出来事なのです。

イギリスにビルマを取られたことは、不思議と重要視されませんでした。それよりも台湾、ベトナム問題が大きかったのです。一八八六年（明治十九年）のイギリスのビルマ併合も日清戦争の原因としてあったかもしれませんが、私たちは清仏戦争のほうを直接の関係と見ています。

こうして南側がすべてやられてしまったわけですが、これは南方の古い統治が国際的にまったく無視されて、国民国家化したヨーロッパがアジアを植民地化していった流れのなかでの出来事です。各国の王様がいかに清朝の家来であろうが、清朝ではない、ただの友好国であり、宗属関係と領土は関係ないというのがヨーロッパの言い分です。そこで、清朝は朝鮮を領土にしようとして、日本とぶつかりました。

十八世紀後半から十九世紀にかけて日本に頻繁にやって来たロシアは、朝鮮半島に対しては、清朝がにらみをきかせていて来ることができませんでした。ロシアは清朝との条約によって、沿海州までしか来ることを許されなかったのです（日清戦争で日本が勝つと、ロシアは清朝に対して圧力をかけてきますが）。

清朝としては、朝貢してくる朝鮮はビルマや台湾と同じように自分の配下だと思っていました。ただ、台湾と同様に魅力がなかったから放っておいたにすぎません。しかし、ベトナムが取られ、ビルマが取られ、朝鮮半島まで取られてしまうと清朝の面子が丸つぶれになるので、なんとしても朝鮮は取られたくなかった。そこで、朝鮮の宮廷に袁世凱《えんせいがい》や李鴻章があれこれと働きかけていきます。

朝鮮の風見鶏外交

では、その朝鮮についてお話しします。

日本史で学ぶことでいうと、一般的には一八七五年（明治八年）の江華島事件以来、高宗・閔妃《びんひ》一派の改革派は日本の援助による近代化を進める一方、旧守派による暴動（一八八二年、大院君《だいいんくん》による壬午《じんご》の軍乱）によって、閔妃一派は親清派へ移り、金玉均《きんぎょくきん》らの独立党が一八八四年、清仏戦争中に甲申《こうしん》政変を起こしたりと、この時代の朝鮮は荒れます。

閔妃（1851〜1895）と言われてきたが別人らしい

この時代を描いている『閔妃暗殺』（角田房子著、新潮文庫）などの小説を読んでいると、すごくいい本ですがやはり左の傾向が強い。戦後になって、どうしても戦前の日本は悪いことをしたと思わされているのです。私の理解によると、高宗の父である大院君は時代によってやっていることが全然違います。一筋縄ではいかない人物です。一貫していないのですが、基本的には保守派で、開明派というより外国人排斥の人でした。

自分の一族の娘を気にいって、息子（高宗）の奥さんにさせたのが閔妃です。最初は大院君も閔妃をとても可愛がり、閔妃自身も舅《しゅうと》によく尽くしていましたが、もともと朝鮮半島の朝廷というのは党派争いがすごいのです。

李氏《りし》朝鮮時代からしょっちゅう反対派殲滅《せんめつ》ということをしてきました。それもイデオロギーではなく、相手の一族が嫌いだから何かと理由をつけて、一族郎党すべてを追放するということをやり続けてきました。一族かどうかというだけで、理由はすべて後付けです。にもかかわらず、殺したり残虐な追放をしています。

大院君と閔妃の関係も、なぜかそのつど違っています。大院君は親清派になったり反清派になったりしますし、閔妃も最初は日本の後ろ盾で権力を握ろうとしたのに、最後には日本が嫌いになって排斥したりします。それをひとくくりに乱暴に言ってしまうと、両班《ヤンバン》（貴族）階級と朝廷が、自分たちの権力保持に必死になったということです。つまり、自分たちをバックアップしてくれるところとは、どこでも手を結ぶということです。

彼らは最初、清朝の支配層を満洲人だと言って馬鹿にしていました。満洲人は北の蛮族だからと、下に見ていました。自分たちは明の家来筋で、小中華であるという意識を持っていました。ですから、清朝宮廷に対しては、力の関係で仕方なく頭を下げていたのです。朝鮮人が満洲人を尊敬しているかといえば、そんなことはありません。自分たちのほうが本当の中華であるという気持ちです。しかし、朝鮮は貧乏ですから付き従うしかありませんでした。

日本に対しては、さらに馬鹿にしています。朝鮮は貧乏だから劣等感が強く、力もないため、それが事大主義《じだい》や中華意識となるのです。ですから、満洲人は嫌いだが、日本人はもっと野蛮で嫌いだとなります。

そういう意識しか日本に持っていなかったところに、明治維新の後、日本人が来ました。まずいことに日本から朝鮮半島に渡ったのは、だいたい下級武士でした。閔妃をはじめ、両班にしてみれば、最下層の人間にあれこれ命令されたと思ったわけです。ですから、ものすごい反発となったのです。

五百年の間、朝鮮半島は貴族階級がいっさい入れ替わっていません。李氏朝鮮の始祖李成桂《りせいけい》から日本が行くまでに約五百年ありますが、人間の階層の移動はまったくありません。また、朝鮮はものすごい階級差のある国です。常民より下には奴隷階級があり、奴隷は主人に生殺与奪《せいさつよだつ》の権を握られ、何の権利もなく、絞め殺されても文句も言えません。上下関係も厳しいのです。貴族の両班階級は階級が落ちることがあっても、下から上がることは絶対にありませんでした。人口の一割以下のごく少数の血筋だけがずっと特権階級だったのです。

十三世紀のモンゴル時代、朝鮮半島はモンゴルの支配下に入りました。高麗王はモンゴル皇帝の娘婿になり、代々の王はお母さんがモンゴル人という状態が続きました。実はこれを言うと韓国人は激怒しますが、李氏朝鮮の始祖李成桂は女直人（女真人）です。

政治・歴史学者の古田博司さんがよく本に書いていますが、朝鮮は十三世紀には、羊もおり牛乳も飲み、肉も食べたし車もありました。モンゴルを通して世界各地からいろいろなものが入ってきたはずなのに、李氏朝鮮になったら貨幣経済がなくなってしまって時代が逆行したのです。

まず車がなくなりました。木を丸める技術もいっさいなくなってしまいました。そうすると樽《たる》がつくれませんから、水気のものを土甕《つちかめ》に入れて運ぶしかなくなります。車がないためにすべて背負って運ぶしかないのです。つまり、文明が退化していったのです。

そうなった理由は、朝鮮が中国にならないためです。中国に呑み込まれないためにいっさい経済的な関係を絶って、自分たちのなかだけの自給経済に戻して、進歩を止め交流をやめたのです。いまの北朝鮮そのものです。まったく李氏朝鮮が北朝鮮の雛形《ひながた》です。

モンゴル帝国時代は朝鮮半島も世界のなかの一つであったのに、それをみずからやめてしまったのです。しかし、明に対しては宗属関係があったので朝貢し、

高宗（1852～1919）

大院君（1820～1898）

明から冊封されて王がいるという立場なので、何かお土産を持っていかなければなりません。何を持っていったと思いますか。宦官と女官です。つまり人間です。朝鮮半島はそういうところだったのです。

この時代は、中国も日本も近代化の渦に巻き込まれていったのに、朝鮮はまったく別の天地だったのです。ソウルほど汚い町はないというのが外国人の評判でした。日本にやって来たアメリカ人などの外国人が朝鮮にもまわって行くのですが、ほとんど追い払われました。それでも清朝に来た外国人が、李鴻章に付いてついでに朝鮮にも入っていて、その記録が残っています。

それから、イザベラ・バードさんという、韓国旅行も日本旅行もした有名なおばさまがいます。彼女は助手を連れて両国のあちらこちらを旅行して、見聞記を書いています。彼女の記録は日本語でも読めて、とても素晴らしいものですが、彼女はソウルほど汚いところはないと記しています。汚物処理ができていないので道中に汚物があふれていて、こんな非衛生的な場所はないというのが世界の認識でした。しかも排外的、排他的なので手に負えません。文物も豊かでなく、外国からすると朝鮮を取っても仕方がないために、日本に任せるということになったのです。

下級武士を毛嫌いした朝鮮王妃・閔妃

朝鮮では宮中内の勢力争いに日本・清朝もからんだ壬午事変・甲申事変が起こりますが、そこで袁世凱が登場します。袁世凱は李鴻章の直接の子分で、清朝でもっとも立派な軍隊を李鴻章から引き継ぎます。李鴻章は子飼いの袁世凱を、自分の代理として朝鮮半島に派遣しました。

それに対して、日本から朝鮮に来た官僚・警察というのは、すべて下級武士上がりで貴族などはいませんでした。みな両班である朝鮮の宮中は、本当に武士が嫌いだったようです。自分たちのほうが偉く、日本人というだけで見下しているところに、さらに軍人上がりで三段階くらい見下すような連中が公使として任命されて来たことになります。

朝鮮の実権を握っていた王妃の閔妃が、壬午事変で袁世凱に助けを求めたのも、清朝のほうが科挙官僚のような位の高い人を派遣してきたからです。ロシアも日本よりもはっきりと階級差のある貴族社会でしたから、日本人に命令されるくらいなら、清朝でもロシアでもどちらでもいいといった感じでした。ロシアは大変優れた貴族階級の人を公使として朝鮮に送り込んでいました。その公使の奥様と閔妃は仲が良かったので、そのうちロシアべったりとなります。

少し後になりますが、日清戦争で日本が勝利した一八九五年、ソウルに赴任したばかりの三浦梧楼《ごろう》公使は、「俺たちがこれほど援助しているのに、宮中がロシアにつくとはけしからん」ということで、閔妃を殺してしまうのです。日本の武士階級は問答無用で、確かにものすごく乱暴な話ではあります。宮中に男が踏み込んで、もっとも位の高い女性である王妃を殺すということは、朝鮮史始まって以来の野蛮な出来事です。これで朝鮮人は一気に日本が嫌いになりました。

しかし日本にしてみれば、閔妃は反日を後ろで糸を引いて操っていた悪い女狐となります。すべての決定権を閔妃が持ち、国費を浪費して自分たちの特権保持をはかって近代化をしないため、日本は業を煮やしました。しかしながら国際関係とすれば最悪の事態です。

それでもこの時代、日本のほうがずっと早く文明開化をしていたので、日本のおかげで朝鮮は近代化できました。

甲申事変を起こした金玉均たちは朝鮮では悪い連中とされますが、あの人たちは朝鮮半島の中流以下の人たちでした。両班ではない中間管理職というか、そのなかで一番教養の高い人ではありました。それでも出自が貴族ではないので、けっして支配階層になれません。ですから彼らは、日本の明治維新が羨《うらや》ましくてしかたがなかったのです。日本は士農工商がなくなり四民平等となり、下級武士が学校に行って中央の官庁に就職して留学までさせてもらえます。彼らは日本のようになりたかったのです。

下層の朝鮮人はみな日本のようになりたかったのです。そうすれば、平等に勉強もさせてもらえますし、人権も認めてもらえます。現代では親日派はすべて悪かったということになっていますが、朝鮮が近代化したのは日本のおかげなのです。

金玉均（1851〜1894）

韓国の戦後教育では、こういったことは教えていないそうです。韓国で日本を題材にするのはこの時代をすっ飛ばして、いきなり秀吉の侵略となります。李氏朝鮮が近代化した時代を飛ばすと、本当のことなど何一つわからなくなってしまいます。現代の韓国の子供はウソを教えられていることになりますが、ウソを教えられると国の言うことは信用しなくなります。いまの時代、日本に来たらすぐわかってしまうことですから。

そうすると、自分たちが小さい時に自国で受けていた教育は何だったのかということになって、どこまでが本当なのかわからなくなってしまうのですから、自国を愛さなくなってしまいます。そして、平気でアメリカ人になってもいい、日本人になってもいいとなるのです。

日本人も同じです。間違った戦後教育のおかげで、自分の国を愛せなくなっています。しかし、それでも私たちは、たとえ間違っていても知らないよりは知っていたほうがいいという考えです。後で間違っていたと気づくほうがましだからです。

中国・朝鮮に国際感覚などまったくない

一八八〇年代に入ると、世界とのかかわりが増えてきて、朝鮮や中国の歴史だけを見ているわけにもいきません。この時期の東アジアの情勢をざっと整理してみましょう。

一八八一年（明治十四年）、上海租界に中国最初の電話が開通しました。清朝とロシアでイリ条約が結ばれ、中央アジアの国境を決めたのもこの年です。一八八二年には、朝鮮がアメリカと通商条約を結び、同時に、イギリスとドイツとも通商条約が結ばれました。

朝鮮はすでに一八七六年に、朝鮮にとって不平等条約ではありますが、日本と日朝修好条規を結んでいました。日本が朝鮮を開国させたので、それに乗っかってアメリカ、イギリス、ドイツが通商条約を結ぶことができたのです。

当時は最恵国待遇《さいけいこく》といい、一国が結んだ条約はすべての国が結ぶことができると勝手に決められていました。日本が日米通商条約を結ぶと、他の国もすべて参入してきて、同じ不平等条約を結ぶのです。朝鮮も清朝も、同じように条約を取り決められましたが、対処の仕方は日本とはかなり違っています。

このように、日本が朝鮮に影響力をふるうようになったので、清朝が慌て出します。朝鮮の貴族階級は清朝の家来であるという意識があるので、朝鮮に利権を持っていた李鴻章が、自分の一の子分である袁世凱を朝鮮総督として送り込んだのです。

一八八二年、朝鮮で日本の指導下に進められていた軍制改編に不満な兵士らに

イギリスが一時占領していた巨文島

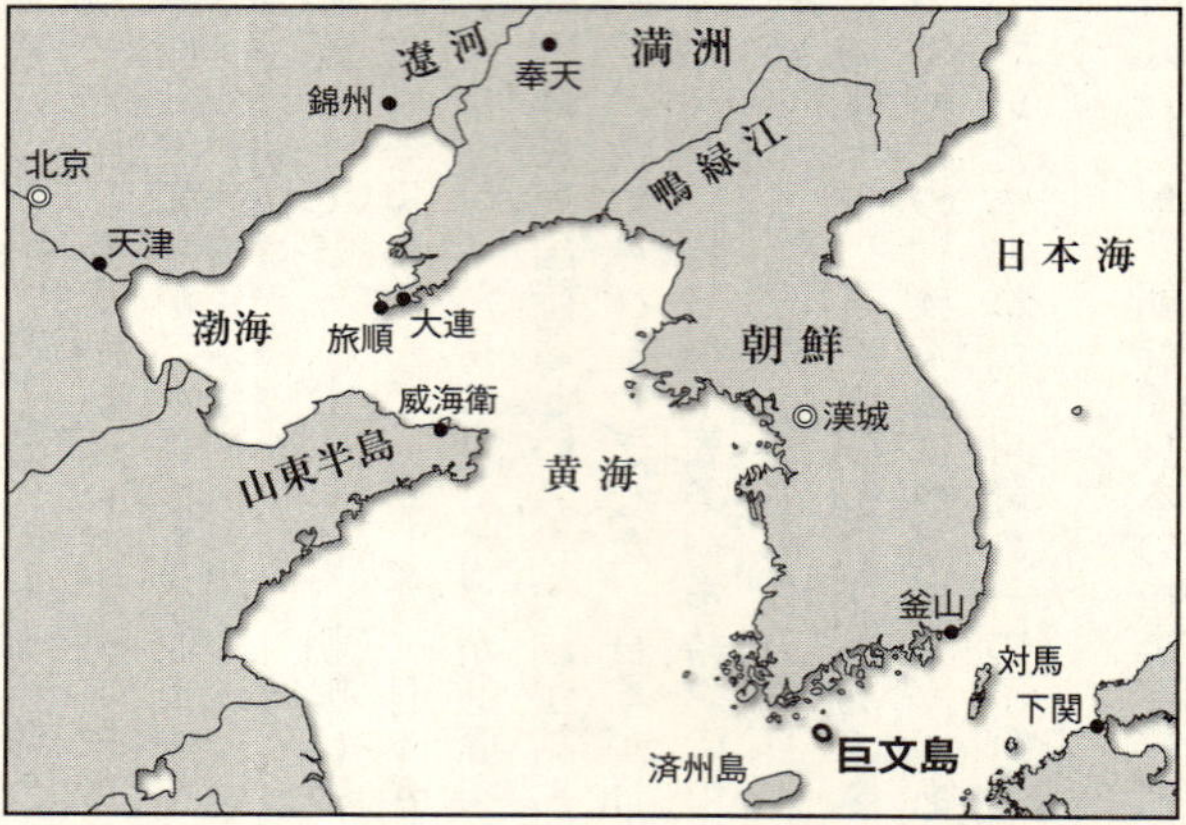

［宮脇淳子作成］

よる壬午軍乱が起こりました。この時、日本公使館が襲撃され、袁世凱は大院君を捕えて清に連れ去り軟禁しました。これは清朝が、というより清の旗を持った李鴻章がやったことです。

イギリスはじめ諸外国は朝鮮と通商条約を結び、利権を得ようと入ってきたのですが、日本とは違って、まったく上手くいきませんでした。それで、イギリスは一八八五年から二年間巨文島《きよぶんとう》を占領しています。イギリスは清朝に対しても、さらなる不平等条約であるチーフー条約のロンドン追加条約を一八八五年に結びました。

というように一八八〇年代に入るときな臭くなるというか、朝鮮も世界史のなかに巻き込まれていきます。ところが、巻き込まれたにもかかわらず内部が動かない、まったく対応しなかったのがこの時代です。

朝鮮はロシアと密約を結ぼうとしますが、日本と清朝の反対で失敗しました。どの国も朝鮮に対していろいろと手を出していますが、帝国主義時代ですから他国に任せて引くというようなことはありません。このように、朝鮮の帰属をめぐって各国が角付き合わせていた時代です。当時、イギリスとロシアはアフガニスタン問題で極度に緊張していましたし、一八八五年になって、清国に軟禁されていた大院君が釈放されたのも、清国と朝鮮の二国間だけの関係ではなく、さまざまな国際関係が影響を及ぼした結果です。

列強による領土の取り合いの末、中国は分割されていく

十九世紀後半のアジア情勢は、中央アジアにおけるイギリスとロシアの対立を意味する、ザ・グレート・ゲームの影響なしには考えられません。巨文島事件もその一環です。

ロシアは十九世紀前半から中央アジア（トルキスタン）を目指して南下し、現地のトルコ系イスラム教徒の王たちに使節やスパイを派遣して、そこに権益を拡大していきました。ロシアのほうが地の利があり、イギリスが後手にまわりました。イギリスはインドに入り、チベットから中央アジアに進出していきます。

イギリスは、アフガニスタンがロシアのインド侵攻の拠点になることを恐れて、アフガンに傀儡《かいらい》政権を打ち立て、一八三八年から一八四二年のアフガン戦争となりますが、手痛い敗北を喫し、多数のイギリス人が現地の暴徒に殺されました。一方、クリミア戦争に敗れたロシアは東へ向かい、中央アジアを取るために本格的にトルキスタンに勢力を拡大し始めます。イギリスとロシアは、いまの新疆と、旧ソ連の西トルキスタンをめぐって争っていました。それがまさにこの時代となるわけです。

ザ・グレート・ゲームは、一九〇七年に英露協商が結ばれて一応終結します。一九〇七年ということは、一九〇四年から一九〇五年に行なわれた日露戦争も大きく影響しています。ドイツの勢力拡大もあり、イギリスもここで手を打ったのです。イランにおける英露相互の勢力圏を決め、チベットからはお互いに手を引いて緩衝地帯にする、アフガニスタンをイギリスの勢力圏と定めることで合意しました。一八四〇年頃からずっと駆け引きしていたアジアでのゲームは一応、一九〇七年で終わりを見ます。

ザ・グレート・ゲームは、清国に使節を送っていた多くの国々が舞台とされました。清の領土ではありませんでしたが、清は国境が隣接する国々と通商を行ない、モンゴル系やカザフ系の人々を朝貢国というか家来のように見ていました。国境には数は少ないですが満洲人の国境警備隊も配置していました。しかし国境は、夏の国境と冬の国境があり、石碑を立てて定めていたのですが、夏と冬の国境がかなり離れていて、そこをロシアにつけ込まれたのです。

また、新疆のイリなど、もともと領土であったところもロシアに削り取られてしまいました。ロシアはコサックを派遣してシベリアを征服し、中央アジアのカザフを家来にして、その遊牧地まで版図に入れたのです。いまでも中国は――もともと中国ではないのですが――、清朝領土のなかで削られた場所があるので、ロシアに領土を取られたと主張します。

満洲人はそもそもロシアが危険だとは思っていませんでした。なぜかというと、ロシアは十七世紀末のネルチンスク条約以来、ずっと付き合いがあったからです。モンゴルとの国境のキャフタ貿易もありましたし、長い国境線で接していましたから、モンゴルの遊牧民など逃げた人を呼び返す交渉もしています。北京にはオロス館があって、翻訳官を養成もしていました。清朝にとって、イギリスやフランスよりはロシアのほうがずっと馴染みがあったのです。

ロシア商人は早くから北京まで来ていましたし、とくにモンゴル人はロシア人をチンギス・ハーンの子孫、モンゴル人の一族だと思っています。満洲人にとってみればモンゴル人は自分たちの親戚で、そうするとロシア人は親戚の親戚ということになります。しかもコサックはもともと遊牧民ですから、まあまあわかり合える人たちだったわけです。

ところが、アロー戦争で清朝は英仏に負け、通商条約を結び、総理各国事務衙《が》門《もん》を開かされましたが、この時にロシアが付け込んで沿海州とアムール以北を取ってしまいました。この一件からロシアに対する警戒心が生まれるのです。

清はそれまでは二百年近く、ロシアと平和に交渉し、通商相手としてそれほどもめごともなくすごしていました。しかし、ロシアのほうが清国よりもずっと早く近代化、ヨーロッパ化を始めていたので、国境の概念、領土の概念を先に持って、周辺に手を打ち始めたのです。ロシアと接触している境界線であやふやなところはすべて取っていきました。

日本の近代化もロシアにそう遅れたものではありません。樺太《からふと》（サハリン）も、もともとは国境とは無関係に日露が共存していた地域でしたが、国境問題でぶつかります。そして、一八七五年（明治八年）の千島・樺太交換条約で、日本は樺太をロシアに譲り、千島を日本領と定めました。後に日露戦争で両国が衝突するのも、何か因縁めいたものが感じられます。

近代化からもっとも遠い清朝と朝鮮

日本に比べたら、清国も出遅れましたが、朝鮮のほうはもっとはるかに近代化から遠い状態でした。清は朝鮮の宗主国であることを振りまわして、大院君という実質的な王を清朝に連れて行って軟禁するというようなこともしました。一八八九年には朝鮮で防穀令《ぼうこくれい》事件というものが起こりました。咸鏡道《かんきょうどう》の観察使、つまり地方官が日本への米や穀物の輸出を禁止したのです。しかしこれは日朝修好条規に反して、勝手に日本への輸出を禁止したということで、一年後に廃止となり、四年後に朝鮮は日本に賠償金を支払いました。

朝鮮に関しては、日本だけでなく諸外国が狙《ねら》っていました。一番目立ったのはロシアでしたが、アメリカやイギリスやフランスも本当のことを言うと、最終的には日本が朝鮮に対したように、自分たちもしたかったのです。一八九〇年代には、ロシアとアメリカ、イギリス、フランスが朝鮮に対して租界を要求しましたが、これに対して、朝鮮は闇雲《やみくも》に断ったり、まったく違う態度を取ったりしました。国際法の存在などまったく知らなかったか、あえて無視したかです。

清朝としては、日本も含めて外国をすべて朝鮮から追い払いたかったので、朝鮮への外資導入も阻止しました。清朝は朝鮮を清朝にしたかったのです。

とにかく、近現代には多くの事件が起こり、一国の情勢にもいろいろな国が関係してきます。日本史などでは、日本とどこの国というように二国間でしか説明しないことが多いのでわからなくなるのです。本当はすべての国が関係していて世界史として動いているのに、どうしても二国間関係で叙述してしまいます。日本の朝鮮史専門家や中国史専門家というと、その部分の関係だけを書きます。

しかもその時に、最初に向こう側が仕掛けたことを書かないで、日本の反応しか書かないというのが、だいたい戦後の日本史家の叙述です。ですから、ますます日本が侵略的だったという説明になるのです。本当に間違っています。すべてが連動していて、事件の因果関係がぐるっとひとまわりするような世界史の見方をしないと、真実はわかりません。

確かに年表に書いてあることは本当に起こった事実です。しかし、因果関係を抜きにして事件だけを並べるというのが、これまでの歴史の勉強の仕方で、それでは本当の歴史は見えてきません。しかも、起こっている出来事のなかから恣意《しい》的に抜き出すと、史実とは異なった形で見えてきます。私は信用してよく利用していますが、それでも三省堂の『コンサイス世界年表』に書かれていることだけが、世界で起こったことではないのです。

岩波書店などは一番大事なところを抜いたりします。レジナルド・ジョンストンの『紫禁城《しきんじょう》の黄昏《たそがれ》』は、祥伝社から中山理訳、渡部昇一監修で出版されましたが、それ以前の岩波版では大事なところがすべて抜いてありました。

いまのマスコミにしてもそういったことをします。ただし、日本人は抜くだけですが、中国の場合は平気でウソを書きます。違うことを付け加えるのです。

主権が変われば中国は以前の約束など反古にする

諸外国との関わりのなかで、日本や中国は近代の歴史を積み重ねてきましたが、ここで、外国との重要な問題である条約改正について見てみます。

一八五四年三月、日本はアメリカと日米和親条約を結びました。同じ年の八月に日英和親条約も結ばれ、その他の国も次々と日本と和親条約を結びました。続いて、一八五八年六月にやはりアメリカと日米修好通商条約が結ばれ、七月にオランダ、ロシア、イギリスとも修好通商条約を結んでいます。この修好通商条約で、貿易の関税が日本の自由にならないなど不平等条約が強化されました。

そこで日本は一八七二年に岩倉使節団が不平等条約改正の交渉にアメリカに渡りました。使節団はイギリスやフランスもまわって不平等条約の改正を訴えましたが、まったく改正してもらえずに帰国しました。

岩倉使節団の出発から十四年後の一八八六年（明治十九年）、イギリス籍の船ノルマントン号事件が起こりました。和歌山の紀州沖でノルマントン号が座礁し、白人の船長が白人だけをボートに乗せて、白人の船員も自分たちだけ脱出し、日本人の乗客二十五人が全員死亡した事件です。この事件は大問題となり、日本は裁判を起こそうとしました。しかし日本人には外国人に対して裁判を行なう権利がなく、イギリス領事によって行なわれた裁判でイギリス人の船員は全員無罪となりました。

日清戦争が起こる一八九四年、ノルマントン号事件の影響もあり、日英通商航海条約が結ばれ、治外法権だけが撤廃されました。続いて、アメリカ、フランス、ロシアも同意します。そして一九〇二年に日英同盟が締結、一九〇五年に改正があり、中国で辛亥革命が起こった一九一一年になってやっと、日英通商航海条約が改正され、関税自主権も回復しました。同日、アメリカとも通商航海条約で関税自主権を回復し、やっと不平等条約が解消されました。半世紀以上もかかったのです。ずいぶん長い道のりでした。

日本はいまで言うグローバリゼーション、世界標準のすべてを受け入れ、それをまったく真面目に、暴動も起こさず、無理も無体も押さずに、向こうの条件をすべてクリアして改正させたのです。つまり、法律にのっとって改正してきました。

しかし、中国はこうした手続きをいっさいしませんでした。中国というのは、まったくこうした手続きを踏みません。ひたすら喚《わめ》くか、焼き討ちするか、暴動を起こして殺すか、というふうに大騒ぎして、嫌いだ、やめると喚くだけです。日本はとにかく相手国の言い分を受け入れて、本当に認められるように努力しました。これが近代化における日本と中国のスタートの違いです。

日本も条約を結んだのは江戸幕府であって、明治維新後の新政府は、江戸時代のことは関係ないと言って破棄できないこともなかったのです。それを日本は言わず、真面目に改正する努力をしました。

中国は前のことは関係ないということを普通にやっています。清朝のことだから知らない、中華民国のことだから知らないと、国際関係はまったく無視します。これに比べて、明治以来、国際法を重視してきた日本は、国体をきちんと続けているということで、国際社会からの信用度がまったく違うのです。

少し前には、日本でも民主党が、もともと自民党の時から沖縄の基地については条約を結んでいたのに、反古にしてしまいました。あれは中国式にやったのです。つまり、民主党は中国みたいなものです。そもそも小沢一郎が中国を羨ましがっていましたから、中国式のやり方で政治を自由にやりたかったということなのでしょう。しかし、それでアメリカに隙《すき》を与えてしまったのです。アメリカもひどいですが、それでも日本はいままで約束したことを律儀に守るということを粛々と貫いてきた国だったのに、それをしないことがすごく落ち度になったのです。

まあ、アメリカも日本を裏切っていますから何とも言えませんが、民主党がしたことは、日本にとって落ち度であったことは間違いありません。それにしても、本当にあの人たちは、実際に日本を弱体化させることばかり考えていました。

ずる賢い欧米諸国

条約改正の話のついでに、先に日清戦争の時の日本とイギリスの関係を見ます。

日英通商条約改正交渉が始まるのが一八九四年（明治二十七年）四月二日、日英通商航海条約調印、治外法権撤廃、関税の引き上げが七月十六日（施行は一八九九年）です。日清戦争の宣戦布告が八月一日ですから、すでに調印が終わっています。日清両国が相互に朝鮮出兵を通告し合っているのが六月ですから、日本と清国の関係が悪化して、まさに開戦しようとする時期に、日英通商航海条約が調印されています。

イギリスの政策というのは、前述のように、だいたいロシアを考えなければいけません。中央アジアと、チベット、モンゴルをめぐって、イギリスとロシアはあちらこちらで衝突しています。もともとイギリスはロシアに対する牽制《けんせい》の意味で日本と手を組もうとするわけです。だから、日英通商条約改正交渉とヨーロッパ情勢は関係していると思われます。同じ年に露仏同盟も成立しています。

岩倉具視《ともみ》の大使節団が訪問したことが、このあたりで効いてきたのでしょうけれども、イギリスの政権の交代なども関係するのはもちろんです。ですから日清戦争と日英通商航海条約の関連性について、簡単に言うことはできないのです。日本人の学者の悪い点は、清朝を研究しようという人は清朝と日本しかやらないし、イギリス研究をする人はイギリスと日本しかやらないことです。だから、三つの世界が関係した研究にはものすごく弱いのです。中国の近現代史を語るうえでも、こういった各国関係が出てきたら、誰も研究していないということになってしまいます。私たちも当然、すべてはわかりませんが、各国のバランス・オブ・パワーの問題という見地から、理解するようにしています。

朝鮮問題というのは、主に日本と清国の対立です。イギリスから見れば、中国で何か事件が起これば、それを自分たちの有利になるように利用しようとします。日清戦争にしても、実際には日清どちらが勝つかわからない戦争ですから、両方にいい顔をしておくというのはよくあることです。あるいは、条約を結んで日本にいい顔をすることによって、清国を牽制するという意味もあったのかもしれません。

イギリスはアヘン戦争で清国に勝ったといっても、香港は取ったにしても、思い通りに成功したわけではありません。「眠れる獅子《しし》」中国に、イギリスが接したのはほんの一部で、内陸に食い込んでもいません。

対する中国ですが、清国ははじめイギリスについては理藩院が管轄して完全に朝貢国扱いをしました。しかし、一八五六〜六〇年の第二次アヘン戦争（アロー戦争）に敗れ、モンゴルやチベットを扱う理藩院では無理ということで、外務省に当たる総理各国事務衙門という役所を北京につくりました。ここが独立して西洋諸国との交渉に当たることになったのです。清としては本当は置きたくなかったのに、イギリスとフランスの圧力で創設させられた臨時の役所という扱いでした。

そのため、諸外国の北京駐剳《ちゆうさつ》公使に皇帝への謁見をなかなか許さずにいました。公使として赴任してきた外国人が清国皇帝に会いたいと申し出ても、まったく会うことができなかったのです。

そして一八七三年、つまり設置から十二年後にようやく皇帝への謁見が認められたのですが、この時も朝貢の際と同じく「三跪九叩頭の礼」をするように公使たちに求めたので、大変もめました。公使たちはこれを拒んで、結局、鞠躬《きつきゅう》というヨーロッパ式の頭を下げるだけの礼に落ち着きました。このように、欧米諸国は中国との対応に一つずつ手こずっていたのです。

日本と清が対峙する空白の九年間

話を朝鮮に戻します。少しさかのぼって整理しますと、一八七六年に日本と朝鮮の間で結ばれた全文十二カ条の「日朝修好条規（江華島条約）」は、日本に領事裁判権を認めるなど朝鮮にとっての不平等条約でしたが、朝鮮に対する清国の宗主権を否定したものでした。

一八八〇年に日本は朝鮮の首都ソウル（漢城）に公使館を開設しました。朝鮮が東京に公使館を開設したのは一八八八年です。

ところが、一八八二年になって、日本の指導下に進められていた軍制改編に不満な兵士らによる抗日暴動がソウルで発生し、日本公使館が包囲されるという事件が起こりました。これにより閔氏（高宗の妃）政権が崩壊し、大院君（高宗の実父）が政権に返り咲きます。これを「壬午の軍乱」と言います。

清国は大規模な軍隊を派遣してソウルを占領し、閔氏政権を復活させ、前述のように大院君を天津に拉致《らち》しました。日本も派兵して朝鮮政府と交渉し、日本に対する謝罪使の派遣とソウルの日本公使館護衛のための駐兵権を認めさせました。

一八八四年十二月、金玉均ら朝鮮の親日的な急進改革派が、日本の支援を得て閔氏政権を倒して中国との宗属関係を否定しました。しかし、袁世凱率いる清軍によって閔氏政権が再建され、日本公使館は焼き打ちに遭い、日本人数十名が殺されて、金玉均らは日本に亡命するという結果に終わりました。これを「甲申政変」と言います。

一八八五（明治十八）年四月、伊藤博文と李鴻章は「天津条約」を締結し、両国軍隊の朝鮮からの撤兵、将来朝鮮に派兵する際には必ず事前に相手国に通告することを定めました。これから一八九四年に東学党の乱が起こるまでの九年間、日本と清国は、朝鮮に対する互いの影響力を高めようと対峙《たいじ》し続けるのです。

それをいいことに、朝鮮の宮廷は日本からも清朝からも援助を引き出して上手く立ちまわろうとしました。宮廷内では、大院君と閔妃が争い続けました。閔妃は日本から金を引き出し、大院君は清朝と組んだり組まなかったりといったふうに、利害が複雑にからみ合うのが、この九年間です。この九年間を飛ばしてしまうのは大問題です。この間は大きな事件も起こらず、両国が公使館を置いて、表向き平和なようで監視し合っている時代です。

この九年は、日本では大日本帝国憲法をつくったり、近代国家の基盤を固めている時代でした。同様に、中国も必死に近代国家化をしていました。内政面では康有為《こうゆうい》が出てきたり、李鴻章が天津医学堂を開設したりしています。

次に話す朝鮮の東学党の指導者がとても貧しい格好をしている写真を、私は授業で学生に見せるのですが、この頃の朝鮮半島は本当に貧しいのです。

日韓併合前の朝鮮には、色のついた服はありませんでした。染料は輸入しなければならず、高価だから庶民は使えなかったのです。誰もがみんな白い服を着ていますし、胸を出した白いチマチョゴリ姿の女性の写真など、この頃の朝鮮の写真を見ると驚愕《きようがく》します。ソウルは泥の道で低い屋根が並んでいて、日本人写真家が撮影した南大門の写真などもありますが、人々は白いボロボロの服を着ています。日本の江戸とはえらい違いです。

歴史的にまったくどうしようもない東学党の乱

さて、朝鮮半島で日清が対峙するなか、甲申政変から十年後の一八九四年（明治二十七年）に東学党の乱が起こります。

東学党というのは、欧米の西学（キリスト教）に対する東学という意味ですが、仏教でもなくシャーマン（巫《みこ》）でもなく、儒教でもなく、はっきりとはわかりません。庶民の運動と言っていますが、実際に庶民がいるかといえば怪しいものです。

朝鮮には階層が四つあります。一番下の奴隷階層はあまりに貧乏で動けるわけがありません。結局、東学党の乱を起こしたのは、儒教を学んだ階層ということになります。言ってみれば官僚階級です。儒教は文武のうち武をものすごく軽視していました。本当の支配階級は、自分の頭を働かして生きるものであって、身体を使ってはいけません。汗水たらして働くことを軽蔑《けいべつ》します。

とにかく、東学党の乱というのは本当にわかりづらい。韓国人自身が研究をやりたがらないからでしょうが、前述の『アジア歴史事典』（平凡社）には、「東学党の乱」はこうあります。

「一八九四年南朝鮮（宮脇……韓国と言わないところが著者の立場がわかります）を中心として全朝鮮に起こった農民反乱をいう。開国以後、資本主義の流入は階級分化を促進させ（宮脇……説明がこれですよ）、追いつめられた農民は各地で反乱を起こした（宮脇……全然ウソです）。八〇年代には分散的ではあるが、全国的な規模で慢性化した。民乱と同時に生活苦にあえぐ農民と、現状に不満を持つ失業両班（宮脇……すごい説明です）は、東学信仰に救済を求めて結集した（宮脇……両者が一つになるわけないです）。一八九二年十二月の参礼集会、一八九四年四月の報恩集会には全国各地から二、三万にのぼる代表が集まり、従来の宗教的なスローガンを撤回して、民衆の政治的要求である倭（日本）と洋を排斥しろを掲げて、反侵略と汚職の官吏の処分を要求した。以上の大衆行動は（宮脇……大衆ですよ、嫌になります）、主として狡猾《こうかつ》な地方官吏から東学の禁教を口実に銭穀を略奪されていた東学農民の生活権を守る戦いであった。この下からの要求に押された教主崔時亨《さいじきょう》は、時期尚早を理由に消極的であった。大衆行動における没落両班出身の幹部と信徒の農民大衆との間に、目標のずれが目立ってきた。またこの運動を通じて地方官吏の弾圧は無力化させられ、民衆の集団的な連帯性に確信を深めさせた」

　ものすごい説明ですね。ちなみにこの説明を書いたのは朝鮮名の人です。

　そして「蜂起は東学と直接的な関係を持たなかったが、指導層には東学党の幹部が多く、農民の集団化には東学の組織網が利用された」と続きます。

　つまり、東学党の乱というのは、不正官吏がたくさん税金を取った。それで漢文の先生を中心にして、地方官吏に陳情に行った。ところが捕らわれて、棒で叩かれて追い払われたので、一千人くらいが郡衙《ぐんが》（郡の役所）を襲撃してお米を取って解散した。そして地方の官吏が、抗議した農民に東学のレッテルを貼って鎮圧に入った……ということです。

東学党２代目教主・崔時亨

　清朝の軍隊が鎮圧に行くのは、朝鮮にろくな軍隊がなく、朝廷から助けてくれと言われたためです。先ほどの天津条約の取り決め通りに日本に通告したので、日本も軍隊を送りました。清朝の軍隊だけでなく日本の軍隊も来るというので、あわてた政府は全州講和を結びました。全州の人は、東学党とはまったく別の人たちです。十二カ条の講和条約は以下の通りです。

・道人と政府は庶民の政治に協力する
・賄賂を取った官僚を厳罰に処す
・横暴な富豪も厳罰に処す
・不良儒者と両班を厳罰に処す
・奴婢《ぬひ》文書を焼く
・七種賤人《せんにん》の待遇改善
・若い未亡人の再婚を許す
・無名雑税をいっさい廃止する
・人材の登用と門閥の打破
・日本人と密かに通じる者は厳罰に処す
・過去の債務の免除

・土地の平均分作

ところが、解説はこう続きます。「一方政府は、弊政改革を妨害して六月八日に清軍の援兵二百八十名を牙山に上陸させた。日本軍は翌九日から十四日までに十万人を仁川に上陸させて王宮を占領し、日清戦争が始まる」（『アジア歴史事典』）。ひどい書き方ですが、この本は意外とまじめに書いています。しかし、話の筋がまったく違います。

日本はそもそも西郷隆盛からして、朝鮮半島がロシア領になることを恐れていました。ロシアは江戸末期に一度は対馬を取っていますし、日本はロシアに対してはものすごくピリピリしていました。そして、朝鮮に早くきちんとした国家になってもらいたかったのです。日本は清国や朝鮮に対して、ロシアやヨーロッパに一緒に対抗してほしいと本気で思っていたので、近代化と国民国家化の援助をしました。

結局は、朝鮮に軍隊を送り込んでしまった袁世凱と日本軍は、東学党の乱が終結したからといって、兵を引くことができず戦争になったわけです。

日本が一番怖れた戦争

やっと日清戦争の話に入ります。日清戦争は日本と清国の戦争ではありますが、実際は清国の李鴻章の軍隊が日本と戦っただけです。

この時期、清朝の宮廷は西太后の時代ですが、いまの天安門広場の東側にあった東交民巷《とうこうみんこう》にできた外国の公使館との交渉を通じて、清朝の支配階級は諸外国の情勢について一応は知っていました。しかし、支配階級はあの広大な国土の数パーセントの人にすぎず、その他の人々は何も知りません。宮廷の満洲人の大臣クラスと軍閥上がりの将軍だけが、政治をやっていたのです。

軍閥だけが危機感を持って近代化に励んでいましたが、軍閥同士の仲は良くありませんでした。また、この時期にいまのわれわれが考えるような国民というのはいません。

清国は沿海のほうの土地だけが開けてきて、租界もできて、外国人との付き合いや外国からの商品が増えました。しかしそれもひと握りの特権階級の人々の間だけの話です。金儲けした清の商人と軍閥たちは、その金で一所懸命に軍艦を買い軍備を整えました。その人たちが清朝政府に交渉に行って、西太后にもっとお金を出さないと大変だと言って、宮廷費を取ります。こういった政治の話しか清朝の歴史にはありません。清朝はまだまったく国民国家化していないのです。

そんな状態で日本と戦争になりましたが、清国は日本を軽く見ていました。というより、日本のことをほとんど知りもしませんでした。日本にやって来た清国人はおらず、日本に対する情報もありませんでした。清国が日本と戦争をする時は、「朝鮮半島から東夷を追い出せ」くらいの気持ちでした。

当時の清朝政府の意思がどうであったかという記録はありませんが、李鴻章くらいはわかっていたと思います。朝鮮に対しても、諸外国との関係にしても、わかっていて準備を怠ったわけではないと思います。とにかく、満洲大臣にしても誰にしても、李鴻章以外は、日本に対して何も考えていませんでした。

いまでは日露戦争が日本の存亡の危機だったと言われていますが、日清戦争の時のほうが日本は怖かったのです。なぜなら日本は開国以来一度も戦争をしたことがないので自信がなく、清は大国で「眠れる獅子」と言われていて、実際に何もしていませんが戦争をすれば世界で一番強いと世界中が思っていた国です。

ですから、日露戦争が日本の存亡の危機というのは、まったく後追いの説明です。日清戦争の時の日本の新聞などを見ると、戦争を避けたいと怖がっています。やはり日本国のために、というよりも朝鮮のために動いたのです。戦争をしなければ、朝鮮の独立はなくなり、朝鮮半島が清朝になってしまうのです。だから、朝鮮の独立を助けなければいけないと思ったのです。もちろん、列強、とくにロシアに取られれば、次は日本も危ないという危機感があってですが。

朝鮮独立運動の志士、金玉均が暗殺されたのが一八九四年（明治二十七年）三月です。これが引き金となって、「日本は独立運動派を後援していたのに、朝鮮は結局貴族が近代化もせずに、独立もしないで清朝になってしまう」と考える事態となったわけです。ですから、もし日本が出て行かなかったら、朝鮮半島は清になっていたはずです。

清国にとっては、日本との戦争はたいした問題とは思っていませんでした。西太后と光緒帝《こうしょ》のどちらが政権を取るかで対立していて、日清戦争自体も、彼らの主導権争いのワン・オブ・ゼムの一つのエピソードにすぎません。日本と戦争をするかどうかが原因で、対立していたわけではないのです。主戦派、回避派という話は、後で日本を中心に置いてなされた説明であって、本当は日本のことはあまり考えていませんでした。

日清戦争は列強対清国の代理戦争だった

日清戦争は完全に海の戦いでした。李鴻章の北洋艦隊と日本軍との戦いで、内陸や南の軍閥は知らん顔をしていました。本当に、日清戦争とは李鴻章の北洋軍だけの話なのです。

「眠れる獅子」は一枚岩ではなく、国を挙げての戦争というのではまったくなかったのです。「眠れる獅子」の大国というのは錯覚でした。実際に中国は一九四九年（昭和二十四年）まで軍隊が一つに統一されたことはありません。

清朝には実は北洋艦隊の他に上海周辺の南洋海軍と、福建および広東の海軍の三つがありましたが、主力は北洋海軍で、一八八八年に購入した外国船を中心に艦隊編成がなされました。

日清戦争：日本軍の水雷艇に雷撃され、破壊された清国の戦艦「定遠」

とにかく日清戦争では、艦隊があるのは北洋艦隊だけで、それ以外、海の戦争などできません。だから、李鴻章に任せるしかありませんでした。朝鮮半島は李鴻章の取り分というか、勢力範囲だったのです。だから李鴻章は本気で出てきたのです。

一方、日本はそういった情報がなく、日本のほうもまだ外国というものがわからない状態でした。留学生たちが欧米から帰って来ると、低い地位でも外国語ができる人は急いで貴族に仕立て上げて、公使として送って交渉させるというような次元です。とにかく泥縄式にやっているだけでした。本当に「坂の上の雲」そのままですから、海軍についても外国で学んできたことを実施するだけでした。ですから、国民国家として、国を挙げて大国と戦争をするのだという気持ちで日本のほうはまとまっていました。

その日本と清国を取り巻く国際情勢ですが、イギリス、フランス、ドイツ、ロシアなどは、朝鮮と交渉しても難航して、清国も自分たちの土俵に乗ってこないで言っていることもよくわからないので、それで、さて日本は上手くいくのだろうかと高みの見物を決め込んでいたのです。

日本に戦争をやらせて、そして日本が勝ったとたん、清国の利権に群がっていきました。日本が勝った場合には自分たちの取り分が多くもらえるように、日本と結んだ不平等条約の一部を改正（領事裁判権の撤廃）するなど、日本に少しだけいい顔をしました。

日露戦争の時は世界中から外国人が見に来たのですが、日清戦争の時はまだそこまでいっていなかったと思います。清朝がやっかいで、朝鮮半島にいたってはますます排外的でやっかいなので、列強は日本がどうやってやるかと高みの見物をしていただけです。やはり欧米は悪いやつらです。

また日清戦争というと、歴史の教科書によく載っている写真で、フランス人、ジョルジュ・ビゴーが描いた風刺画があります。日本と中国が釣りをしていて、ロシアがその後ろで漁夫の利を得ようとする絵です。ビゴーは日本に在住し、日本人と結婚していたので、新聞に風刺画を描くくらい、関心を寄せていました。

中国にとっては、日本が欧米から条約改正してもらったことなど、まったく気にもしませんでした。清朝の宮廷は、日本の関税自主権や治外法権などについて、というよりも日本のこと自体まったく研究していません。自分たち以外に興味がないので、現在でも中国は外国についての研究は盛んではありません。

いまでこそ、日本が明治維新をどうやって成功させたか、関税自主権をどう取

日清戦争：旅順近郊で敵陣地に砲撃する日本軍

り戻したかということを研究する中国人もいますが、その頃の清朝の人間は、そんなことに興味はありませんでした。イギリスにアヘン戦争で負けても、イギリス研究などしていません。

平壌の戦いや黄海海戦など、日本では実際の戦いで学びましたが、中国は負けてから、少しは軍事史学者が研究していると思います。しかし、彼らが軍事を語る場合、現在でも『孫子』が語られたりします。彼らは近いところ、遠いところという意識がありません。それに古い人のほうが偉いと考えます。

また、日本が行なったことは偉くないとなってしまいがちです。明治維新はなぜ上手くいったかという研究はよくされていますが、いいところだけを盗もうとしてやっているだけで、反省して研究が始まったということではありません。もちろん、日清戦争で負けた後、たくさんの清国留学生が日本に来ることになります。しかし帰国後、康有為のように新しい勉強をしなければいけないなどと言うと、みなで追い出し

ジョルジュ・ビゴー「魚釣り遊び」
[Une partie de pêche]『トバエ』1号、1887年2月15日。

ます。彼らにとっては秩序維持のほうが大事なのです。

とにかく中国では負けた戦いのことは知りませんでした。私が大学で教えている留学生に聞いたら、日清戦争のことを知りませんでした。習ってもいません。日露戦争も知りませんでした。あくまでも清朝が負けたのであって、いまの中国には、自分たちの戦いではないので関係ないということです。ですから、日清戦争でどうして負けたかという研究が盛んになるわけなどないのです。

また、当時の外国も、日清戦争についてあることないことを面白く書いていました。日本軍が旅順で大量虐殺を行なったという記事なども、その一つかもしれません。アメリカは日本を蔑視していて、ジャーナリストが悪口を書きたいという風潮がありましたので信用できません。

日本のほうはそれほどウソを書いていないので、日本の軍史を見たほうがいいのです。おそらくそういった外国人ジャーナリストのでたらめ記事は、北京の東交民巷にいた外国人から聞いたもので、清国人から聞いたデマがデマを呼んだということだと思います。清国人が言ったことを打電しているのですから、日本が知るはずもなく、清に都合のいい記事になるはずです。

とくにアメリカは第二次世界大戦中でも日本についてはウソの悪口を世界中で言っていますから、あまり信用できません。それよりも、そうした小さいことをほじくり出して、日本は悪かったと書きたい日本人がいるということがいけないことです。おそらくこうした記事をわざわざ見つけてくるのでしょう。戦後ずっとこの調子で、むしろそちらのほうが問題です。

日本人の中国観が一変した日清戦争

日本人は日清戦争に従軍して、はじめて中国人を見た者がほとんどでした。そして、『論語』で勉強してきた中国のイメージとあまりにも違うために、ショックを受けました。こんなに貧しくて、こんなに学のない人たちだったと知ったのです。

『日清戦争従軍秘録』（浜本利三郎・地主愛子著、青春出版社）という面白い本があります。日清戦争でもと武士だった日本軍人がたくさん中国の地を踏みましたが、日本の武士はものすごく学がありました。日本の軍人は教養人でしたから、そういった人たちが日誌を残しているのです。ところが、向こうの軍人というのは字もわからないような人たちです。清国の軍隊というのはだいたい一番下層で、募集したところで誰も来ませんから、まず犯罪人を軍隊に入れて、次に食い詰めた連中を入れていったような軍隊でした。ですから、司令官以外は学がまったくありませんでした。

日本人にとってのそれまでの中国のイメージは、漢字の国、文化の国、仏教伝来の国、『論語』の国というふうに、武士は江戸時代に中国を尊敬していました。しかし、行ってみたら何だこれはというギャップの大きさにショックを受けたのです。行かなかった日本の庶民だって、写真で貧しい生活の状況を見ますから事情がわかります。当時の中国では、庶民は裸足でした。

話は変わりますが、台湾の外省人で大陸から蔣介石《しょうかいせき》に付いて行った将軍の娘が、私の友達にいます。トップクラスの階級の人らしいのですが、彼女がはじめて日本に来た時に私たちが案内したことがあります。

学士会館で食事をしまして、あそこはアイスクリームが銀の器で出てきます。すると彼女は「台湾でこれだったのよ。一番いいところはこういった建物で、デザートにはこれが出た。これは日本式だったんだ」と言いました。それから近代美術館に連れて行ったのですが、普通展示の「第二次世界大戦中に日本の群衆が逃げまどう」絵を見た時に、彼女は「逃げている人がみんな靴を履いている……」と驚いていました。

また、彼女をサンシャイン60の展望台に連れて行った時には、「日本の建物はみんな屋上がきれいだ」と言いました。「台湾は屋上はみんなゴミ置き場だから」ということです。台湾では見えないところはゴミ置き場にしてしまうらしく、屋上にゴミになった家具などすべて放ってしまうのです。というようなわけですから、日本人は現地があまりにもひどくて、ショックを受けたのです。

中国人について岡田英弘も書いていますが、支那事変の最中、内陸のある軍隊が山を越えて言葉がわからない地域に来た時に、日本に来たと思ったという話があります。湖北省から河南省に入った兵隊が、言葉が通じないから、そこは日本だと思ったというのです。日本も広い大陸のうちの一つくらいにしか思っていませんから、中国人には日本についての知識などまったくないのです。

清朝にはいろいろな人がいて、いろいろな顔があって、いろいろな言葉で話していますから、日本もそのうちの一つくらいに思っていました。ですから、日本との戦争もそれくらいの意識しかありませんでした。たとえば、雲南の反乱やチベット侵攻、それくらいのつもりで日清戦争を戦ったのです。

すべての始まりは日清戦争からである

清国は日清戦争に負けて下関条約（下関の通称から中国では馬関条約とも言う）で、朝鮮の独立を認める、日本に遼東半島・台湾・澎湖《ほうこ》諸島を割譲する、賠償金二億両《テール》を支払うなどを取り決めました。

中国は日本に二億両という賠償金を支払うために、外国から多額の借款《しやっかん》を受けました。フランスの銀行から借りるためにロシアに口を利いてもらって、それで遼東半島南部をロシアに取られます。とにかく、三国干渉が列強による半植民地化、屈辱の近代の始まりと見ていいのです。ですから、中国の近代の始まりはアヘン戦争ではなく日清戦争なのです。

ヨーロッパの三国干渉に対して、アメリカは何もせずに中国に「門戸開放」を求めます。これは現在のアメリカのやり方と変わりません。俺にも一つ咬《か》ませろというだけです。中国での鉄道はアメリカ以外の外資がすべて敷いています。古くから来ていた外国が敷いているので、アメリカが全部を自分にも開放しろと言っているのです。ここにくるまで、アメリカは清朝との関係などほとんどありません。アメリカはイギリスとライバル関係ですし、日本を使って割り込みたかっただけなのです。アメリカは中国に関しては完全に後れをとったので、仕方なくフィリピンを狙いにいきます。

日清戦争後、日本に割譲された台湾についてですが、ものすごい蛮地で、熱帯の病気が氾濫《はんらん》して大変でした。兵隊は戦死よりも伝染病で死んだほうが多かったのです。現代中国の教科書の指導要綱には、「台湾人が日本の侵略者に対して思い切り抵抗した」と書いてありますが、まったくのウソです。

朝鮮では、三国干渉でロシアやドイツ、フランスの言いなりになった日本を、閔妃が馬鹿にし始め、ロシア側につくようになります。日清戦争とその後の三国干渉は、朝鮮には大きな影響を与えました。結局、日本は弱いではないかと見たのです。彼女がロシア側についたので、先に述べたように日本人が彼女を殺害したのです。このことで、夫の高宗は日本がさらに嫌いになりロシア公使館に避難したので、日露戦争になるわけです。実はすべては三国干渉から始まっています。

ロシアの狙いにイギリスが横槍を入れた三国干渉

日本はロシアとドイツとフランスによる三国干渉で、遼東半島を返還させられました。この三国干渉について考えるには、ヨーロッパの「バランス・オブ・パワー」の問題があります。

三国干渉はロシアが言い出してフランスとドイツを誘ったものです。清国のすぐ北まで接近していたロシアが、覇権をアジアに築こうとしたということが、一番大きな理由であると私は考えています。すでに沿海州に軍港のウラジオストクがあり、睨《にら》みがきいているということも一つの理由です。そしてこの後、結果的に日露戦争になるわけです。

三国干渉を行なった露独仏に対して、イギリスは日本を叩くよりも、どちらかというとロシアやフランスを牽制したい立場でした。イギリスとロシアは前に話しましたが、ザ・グレート・ゲームで、アフガニスタンでもめていました。両国は十九世紀後半くらいから中央アジアの覇権をめぐってぶつかっていますが、その時々で仲が良くなったり悪くなったりしています。けっして常に反発しているだけでなく、バランスをとっています。君主が変わると政策も戦略も変わりますし、そういうところの分析が日本は弱いから困ったものです。

もともとイギリスにとって、新興国日本が中国大陸に積極的に進出することは好ましくありませんでした。中国に最大の権益を持つイギリスとしては、中国の現状維持が望ましく、中国が混乱することをもっとも怖れていたのです。

このため、朝鮮問題を契機として日清が対立すると、ロシア、ついでアメリカを誘って日清両国に平和的解決を要望しました。日清戦争が勃発《ぼっぱつ》すると、イギリスはただちに戦火を上海地域に及ぼさぬように日清両国に申し入れるとともに、厳正中立を宣言します。しかし、その厳正中立は外交辞令にすぎず、イギリスの商船シナ艦隊は日本の動きを清国海軍に通報し、中立条約に違反してイギリスの商船は清国陸軍を朝鮮に輸送しています。

一方、日本に対しては、民間会社がグラスゴーで購入した商船土佐丸を、軍事目的に使用するおそれがあると中立法規を盾に出港を差し止めし、さらに屯田兵を函館―青森間で運ぶと、土佐丸を軍事利用したと抗議するなど、戦争初期のイギリスの中立は明らかに中国寄りの立場でした。イギリス政府も世論も反日親清的な態度を示していたのです。

イギリスは後に日本と日英同盟を結ぶことになりますが、それはイギリスにとっての利権を第一に考えた政策であって、三国干渉の時には、日本と清国を天秤《てんびん》にかけた外交をしていたのです。

日清戦争の敗北で中国人のナショナリズムが生まれたというウソ

「日清戦争の敗北は、若い士大夫《したいふ》に清朝の近代化の必要性を痛感させた」と書いてある本がありますが、ちょっと変な感じがします。士大夫という言葉は、古い時代にはもっぱら庶民と違う貴族階級という意味に用いられました。宋代以降に科挙が盛んになると、知識階級を士大夫と言ったり、科挙出身の高等官を士大夫と言ったりしました。

しかし、全国的に士大夫階級があったと捉えるのは間違いです。清朝時代には、漢籍を読む人を読書人と言うほうが多く、士大夫というのは文語的な言い方です。やはり毛沢東が使った言葉かもしれません。袁世凱は軍事にすぐれた将軍であり、読書人でもあります。光緒帝について清朝の改革を行なおうとした康有為も読書人です。

康有為は「南学会」という小さなサークルを組織して、新聞を発行したりしました。光緒帝に改革を建言《けんげん》する組織といっても、本当にひと握りのグループで、いかんせん少ない人数だったので、中国を何とか改革しなくてはいけないという動きは起こりましたが、日本の幕末のようなエネルギーにはまったく及びませんでした。

ところが、戦後に中国びいきの日本人が、科挙官僚たちがグループをつくって近代化に向けて運動していたと言って持ち上げたのです。清国でもこうした改革は叫ばれていたのに、日本が潰したというように言いたかったのです。

そもそも新聞を発行しても、漢字が読めた人はごく少数だったはずです。日本の改革を真似てはいましたが、たいして大きな力になりませんでした。光緒帝は康有為の意見を採用したかったのですが、西太后がというより、実質的には満洲人の大臣クラスに却下されました。

日清戦争後、士大夫によってナショナリズム運動が始まったというのはウソです。この時期にまだナショナリズムがあるはずがありません。そもそも国など存在していないのです。もちろん〝中国〟という考え方も存在していません。国民意識もない、国家意識もない、ただ一部の人に近代化しないといけないという意識は生まれたと思います。

中国人にナショナリズムが生まれたのは一九一九年（大正八年）の五・四運動で、中国人意識というものはその少し前の一九一二年に中華民国が成立してからです。反日に関しても一九一九年からです。日清戦争の時に、果たしてナショナリズムと中国人意識があったかというと、なかったのです。日本に負けて悔しかったというのは、一九一九年の後からさかのぼって言い出したのです。

中国人は、日本との関係を言い出す時に日清戦争を出しますが、当時はまだそういった国民意識というものは実はありませんでした。日清戦争後の史実は、敗戦後にようやく日本を真面目に見るひと握りの清国人が出て、日本について書かれた本がわずかに出るようになったというところです。

日清戦争後に改革派が出てきたのは、清国が滅びると思ったからです。康有為や譚嗣同《たんしどう》は清国を何とか生きのびさせるために光緒帝に建言して、立憲君主制で皇帝を中心とした近代化をめざしたのです。これは革命でも何でもありません。科挙制度ではなく、近代の制度を取り入れなければ政府の近代化ということです。

ば諸外国に植民地にされてしまうという意識です。とにかく、清のなかで改革をめざしているという段階です。

ですから、ナショナリズムとは言えませんが、救国とは言えます。それで、私たちもこの時期、日清戦争あたりから〝清国〟と書くようにしています。清朝という言い方をやめて清国という言い方をするのは、清が国際的に表に出ざるを得なくなり、ヨーロッパ諸国との条約や交渉などが行なわれるため、一応国家と考えようということで、清国という言い方をするようになります。清国留学生と呼ぶのもそういった意味です。

康有為は光緒帝に会える殿試を通過したトップクラスの科挙官僚です。皇帝に建言するのは以前は満洲大臣や将軍でしたが、日清戦争に負けた後、漢人官僚のエリートたちが、日本の明治維新を見習って近代化しないといけないと言い出したのです。

反キリスト教暴動は民衆の国内格差での衝突だった

日清戦争の話はこれで終わりにして、次に一九〇〇年に起こった義和団の乱

（北京に入って列国に宣戦したあと北清事変と呼ばれる）についてお話しします。義和団の乱は、山東省の西部で反キリスト教暴動が激化したのが発端です。

なぜ反乱が香港や広州ではなく山東省だったのかというと、普通の説明では、一つには山東省に進出していたドイツ人がものすごく差別的で、黄色人種を見下していたというものです。イギリス人やフランス人よりもドイツ人のほうが差別意識が強くて恨みを買うようなことをしたのではないかという説明です。もう一つは、キリスト教の布教に関しての勢いがドイツ人のほうがあったからだとも言われます。

清国人のなかでも、キリスト教徒になった人たちはヨーロッパ列強を背景に、同じ清国人に対して威張りまくりました。外国人を後ろ盾にして、虎の威を借る狐のように新しい権力者となって、土地を没収するなどしていました。こういったことも重なって、一般の清国人は、外国人も嫌い、キリスト教も嫌いという意識が高くなっていました。

キリスト教徒に対する反感は実は山東省だけではなく、全国規模で暴動が始まります。キリスト教の布教というのは帝国主義の手先のようなものですから、ドイツ人は上手なやり方をしなかったということもあるかもしれません。

「教案《きょうあん》」という言葉があります。これはキリスト教に対する反乱という意味です。山東省だけではなく、イギリス、フランスの租界のあちらこちらで起こっています。キリスト教徒は、子供の肝臓を取り出して薬をつくるのではないかといって孤児院を攻撃したりしました。次ページの図を見ればわかるように、この点々すべてがキリスト教に対する反乱です。

山東省は義和団の乱に発展しますが、実は全国各地で暴動は起こっていました。『ラストエンペラーと近代中国—中国の歴史10』には、「こうした反キリスト教事件は、儒教的な道徳を重視する伝統的な郷紳たちが、キリスト教徒の道徳的破壊を訴えたもの」とありますが、本当とは思えません。だいたい中国人は儒教的な道徳を重視していません。たんなる権力闘争です。中国はいろいろな土地によって文化が違うということがありましたが、外国の影響で格差が広がったための暴動で、いまの中国と同じです。

この時期に、秘密結社で、義和拳《ぎわけん》や大刀会《だいとうかい》というような、いわゆる武術集団のようなものが出てきます。もともと秘密結社はみんなで集まって何をするかというと、だいたい武術の訓練をするわけです。

一般的に武術組織というと、少林寺《しょうりんじ》を想像しますが、それでいいのです。実際

全土に広がったキリスト教暴動

［張海鵬編『中国近代史稿地図集』地図出版社、67～68ページより作成］

の少林寺ももともと同じようなもので、中国にはこのような結社はどこにでもあります。とにかく武術の修行をするというのは伝統的にあり、山東省の場合は義和拳などが中心になって、反キリスト教暴動になったのです。

こういった武装集団が義和団の乱になる背景で重要なのは、外国工業製品の輸入が急増し副業が破壊されたことです。アヘン戦争の頃はまったくイギリス製品は売れませんでしたが、この頃は輸入製品が急増していました。そうなると地域で食べることができなくなる人が出てきて、一揆《いっき》のような形で反乱が広がっていきました。

しかし、フランス革命の時でもそうですが、本当に貧乏で明日まで生きられないような人には反乱はできません。外国製品が入ってきて損をした人たちがいて、こちらも儲かったがあちらのほうがもっと儲かったという格差が出てくる段階で、暴動になるのです。

革命や暴動はナンバーツーが起こす

外国勢力の進出でなくても、自然災害による暴動の危機もあります。清朝の二百六十年の間にも旱魃《かんばつ》は毎年のようにありました。それでも、そういう時はお上が蔵を開け民衆を救済して、王朝を維持してきました。それができない時に暴動になります。

王朝が財政難になり救済ができなくなると、どんどん国が傾いていってしまいます。国はなんとか民衆を抑えるために、蔵の米をあちらこちらに運ぶことによって大きな暴動にならないようにしてきました。どの王朝でも同じで、これができなければ王朝はひっくり返ってしまいます。

国際政治・経済アナリストの伊藤貫《かん》さんの話では、いま現在、中国は国家が不良債権を買っているから崩壊せずに持ちこたえているのではないかと言っていました。二回大きい金融危機がきましたが、共産党の幹部たちがつくった不良債権を国が買い支えているということです。また危なくなっていますが、三回目にも国家が吸収して転覆《てんぷく》を防ぐだろうということです。そう考えると、いまも昔もまったく同じことをしています。おそらくそれができなくなった時に国が崩壊することになります。

その他にもいまの中国には不安要因はたくさんあって、年々ひどくなっています。しかし、不安要因に倍して抑える力があったり、いろいろな方向へガス抜きしたりしています。それができなくなった時に大きな反乱となります。ですから、外国製品がたくさん入ってきて、多くの人が貧乏になってしまったから事件が起こったのではなくて、それによる格差の出現などが義和団の乱の原因にあると思います。

現在でも中国は外国製品がたくさん入ってきていますが、外国製品のせいで職がなくなっているというのが不満の直接の原因ではないはずです。だいたい外資のなかに入って働いていますから、賃金を上げろというようなストにはなっています。それに政府は、格差が生まれた農民にアメをしゃぶらせるために、農村部に電化製品を買うための補助金を出しています。国家が吸収する、これは昔と同じことをしているにすぎません。つまり、このようにして宥《なだ》めていくわけです。

本当に食えない連中では革命を起こすことはできません。セカンドかサードかはわかりませんが、刺激を受けた人たちが、トップクラスに対して、われわれに代われということになるわけです。義和団は、自分たちは何か目的があって動くんだという大義名分が必要でした。そこで、外国人を追い出せということになったのです。

スローガンは確かに外国人排斥になりますが、外国人にものすごく被害を受けた人たちかというとそうではなく、スローガンだけは排外としたのです。それで、鉄道や線路を破壊したり、電線を壊したり教会を破壊したり、外国人を殺したりキリスト教徒の同国人を殺したりというようになります。しかしそれは、自分たちが正しいことをしているという正当性をアピールするためにやっているだけです。

ですから、暴動の火種とエネルギーの直接の原因はキリスト教だと考えてしまう日本人は間違っていることになります。

義和団の乱のスローガン「扶清滅洋」に扶清など存在しない

義和団は「扶清滅洋《ふしんめつよう》」（清を扶《たす》け、西洋を滅ぼす）というスローガンを掲げていましたが、「滅洋」は本当だとしても、「扶清」は自分たちの都合でつけたものです。というのは、山東省の小役人が義和団と一緒になっていたからです。清朝の役人も義和団に関与していたので、自分たちが正しいという正当性を主張するために「扶清」を付けたのです。

実際は清を守ろうというような性格ではなく、あくまで表向きのスローガンだったのです。扶清と言っておけば、一応清朝の官憲は自分たちを捕まえることはできないというだけの話です。これは今日でいうところの反日と同じです。反日と言っておけば正当性が保たれるからです。

戦後の日本で流布した偏った教科書ふうに言うと、義和団の乱は「反帝国主義のある種のナショナリズムの初期段階」と説明されますが、そもそもこの段階で帝国主義が何であるかということは、中国人にはわかっていません。これも毛沢東がつくった歴史で、「農民運動は正しい」「ナショナリズムを探せ」となると、もっとも都合がいいのが「扶清滅洋」ですから、義和団の乱が当てはまる事件となったわけです。一応「扶清」としての国家、「滅洋」の反帝国主義がスローガンとしてありますから、ナショナリズムの要素があると後で解釈するわけです。しかし、実際は、ただの不満を抱いた民衆の暴動にすぎないのです。

ヨーロッパ列強に反抗していたというところに、いまの中国人はナショナリズムの萌芽を求めて義和団の乱を持ち出すだけで、幸い日本人もそう言ってくれるからナショナリズムの話にすり替えているだけです。

前述した岩波新書の『中国近現代史』には、「団員の主力は十代の農村の男女で、娘たちからなる宣伝隊（紅灯照《こうとうしょう》）は台湾の回復を訴えた」とあります。ここで突然、台湾のことが出てきますが、これも共産党が後に書き換えた歴史を、そのまま取り入れてしまったものと思われます。

「紅灯照」は、もとは義和団の間で信じられていた妖術《ようじゅつ》で、紅い衣を着た少女に紅灯と紅い扇を持たせて術をかけると、少女は扇を用いて雲のなかに昇り、外国人の家に火を降らせるというものでした。

それが、一九九三年の香港映画『ワンス・アポン・ア・タイム・イン・チャイナⅣ（天地覇王）』で有名になったのです。映画だから女の人が活躍する場面をつくらないといけない。そういう芝居が逆に歴史のなかに書き込まれてしまったのです。『三国志演義』と同じです。『レッドクリフ』という映画にしても、呉《ご》の孫権《そんけん》の妹があれほど活躍したなんてまったく史実ではありません。

映画では、紅灯照がドイツ軍に抵抗する若い女の子だけの愛国集団として描かれていましたが、もちろん捏造《ねつぞう》ですし、彼女たちがもし台湾回復を叫んだとしたら、製作者が意図してつくったものであることは間違いありません。しかも、農村の十代の男女と書いてありますから、そうやって話がどんどんエスカレートしていくわけです。義和団に女性の話があったので、彼女らをヒロインにした映画をつくって、今度はついでに台湾について言わせようというようにして付け加えられていくのだと思います。

太平天国軍の客家に女軍があったのだから、義和団にも入れてしまおうと、そういうふうに歴史をつくっているのです。それにしてもすごいでしょう。義和団の五年前に、日清戦争で日本に台湾を取られてしまったので、ここらへんで言っておこうとつくったウソの歴史です。そもそも当時の台湾など僻地《へきち》ですから、取られたところで痛手でも何でもありません。ましてや民衆に情報や意識があるわけがありませんから、抗議するはずがないのです。

中国人が書いているからと言って、問題なのは「私は現代中国語が読めます」「中国で出たものを正確に読んで載せました」という、日本人の本当に無自覚な洗脳のされ方です。いろいろなエピソードをたくさん入れたほうが、新しい本をたくさん読んだという証明にはなりますが、日本の学者は中国語で書かれた内容を疑ってみなければいけないのです。

日本人は学者が書いたものはウソがないとつい思い、中国の公式の出版物だと言われると信用してしまいます。しかし、中国の言っていることは本当に信用できません。彼らは言いたい放題ですが、主張し続けたらそれが既成事実になってしまうからです。

中国はそれを当たり前のことだと思っています。そもそも南京大虐殺にしても、三十万人が殺されたなどは本当に史実ではありません。それを史実だと言い張る精神が、中国人の考え方すべてを表しています。言ったもの勝ちというか、力が強かったら何を言ってもまかり通るという精神です。チベットとウイグルとモンゴルのことにしてもウソばかりついて、本当のことなど何一つありません。日本人は、中国のことにしても中国があれほど言うからには一片の事実はあるとつい思ってしまいますが、ひとかけらの真理も含まれていなくても、自分たちの都合のいいウソに書き換えてしまうのが中国なのです。

義和団鎮圧は日本にとって誇るべき対外活動だった

義和団の乱の鎮圧には八カ国連合軍が出兵しましたが、日本が一番多く兵を出しました。

列強の公使館が集まっていた北京の東交民巷が義和団に包囲されました。自国民保護のために連合軍が出動しなければなりませんが、何と言ってもヨーロッパから派遣するには時間が足りません。だから、一番行きやすい日本に出てくれ

義和団の乱で、居留民保護のために出兵し、天津を攻撃する連合軍

と、イギリスなどが日本に頼んだわけです。それで日本は連合軍一万九千七百人のうち九千七百五十人の兵を出しました。

この時、日本にしてみればはじめてヨーロッパと対等に、国際的な活動をしなければいけない場面で、一つの落ち度もないようにと厳格な命令が入ります。国際的に絶対に恥ずかしいことをしてはいけない、アジア人として馬鹿にされてはいけないと、一人一人に厳しく命令を下して、規則正しく任務を立派に果たそうと出て行きました。

北京城で略奪をしたなどというウソの話もありますが、初の国際出動で徹底して規律を守った日本軍にそんなことはあり得ません。そして、さすがのヨーロッパも日本はなかなかやるではないかと評価しました。

ひどかったのはドイツです。連合軍はみなで北京を区分けしてそれぞれの保護下に入れましたが、ドイツはとにかく黄色人種を見下していますし、略奪し放題にいろいろな物を取っていきました。そのため、北京の住民は安全な日本地区に逃げ込んだという話もあります。それはウソではないと思います。他国が見ていますから、それを証明してくれます。英字新聞も報じています。

この時、清の政治の中枢にいた西太后は対外抗戦派になびき、清朝の正規軍が義和団と組んでしまいました。これが失敗の始まりです。西太后や光緒帝は逃げてしまって北京にはいません。李鴻章は西太后の開戦命令を聞かず、関係しないようにしていました。

日清戦争に敗けた李鴻章ではありましたが、清朝を代表するのは李鴻章しかいなかったので、今度も講和交渉を命ぜられました。

義和団の乱で中国の半植民地化が決定的となった

李鴻章と連合国との間で講和の交渉が始められたのは一九〇〇年（明治三十三年）十月のことです。李鴻章は、西太后からの開戦の命令をはじめから無視して

北京講和会議。右列２番目が李鴻章、左列２番目は小村寿太郎

いましたから、列強との間に平和的関係を維持し和解しようとしますが、列強は事件の首謀者を処罰することを主張して譲りませんでした。

連合国は北京を共同軍事管理下に置いて、八カ国で勝手に分割しました。一九〇〇年十月から始まった交渉ですが、北京議定書の調印は翌年の九月です。どの国にいくら賠償金を支払うのか、誰をどう処罰するかなどを決めるのに、これだけの時間がかかったのです。

一九〇〇年十月に正式な交渉が始まった二カ月後の十二月には列強側の講和条件が決まりました。乱の責任者の処罰や賠償などを、清国は全部受け入れざるを得ませんでした。それからの九カ月間は、押し付けられた賠償金の調整にかかった期間です。つまり、清国はここで完全に半植民地化してしまうのです。

賠償金は十年分が科せられ、名目上四億五千万両、利子を入れると倍以上の九億八千万両になりました。この北清事変で外国の勢力が強まり、洋風が流行しただけではなく、間もなく英米日各国との通商条約が次々に改訂され、中国経済に対する外国の強制は強くなっていきました。

アヘン戦争から始まった一連の外国勢力流入の流れは、この一九〇〇年の義和団の乱が大きな節目となります。ここから中国の新しい時代が始まります。つまり、清国は多額の賠償金を支払わなければいけなくなり、そのお金を捻出《ねんしゅつ》するために、これまで大事にしてきた藩部を解放し始めるのです。たとえば、モンゴルの土地も漢人に解放し、それでモンゴル人が清朝に失望して離反の動きが始まります。

義和団の乱後、満洲はロシア人が占領したままです。日本が大陸に出て行くことになるのも、これが発端なのです。中国にとっての近現代史のスタートは、アヘン戦争でも日清戦争でもなく、義和団の乱です。しかし、いまの中国史はどうもこれを矮小《わいしょう》化しています。中国では義和団の乱とは言わずに北清事変と呼ぶのですが、中国から見た屈辱の近代は、実はここからなのです。

第三章

国とは呼べない中華民国からはじめて国家意識が生まれる

〔1901～1930〕

教えられたことに疑いを持つという教訓

本章は義和団の乱から始まる新しい中国についての話となりますが、その前にまた一つ、余計な話をさせてください。

二〇一一年三月に起きた東日本大震災で明らかになりましたが、非常事態が起こった時に、日本人にはとくに優秀な人というのがいません。危機管理に本当に弱いことが暴露されました。支配層である、エリートのつもりの人たちの無責任さやウソつきには、国民がみんなあきれました。

戦後の日教組教育は、ただ平和主義を唱えればすべて上手くいくかのようにごまかして、言葉の定義もせず、真実に向き合うことを教えてきませんでした。民主主義にしても、権利を主張するだけで、これにともなう義務を果たすことを教えませんでした。日本人は戦前よりも劣化したと思います。

戦後六十五年が、二〇一一年の三・一一でようやく終わりました。もう一度、日本が歩んできた歴史を虚心坦懐に見直して、ウソやごまかしは捨てなくてはいけません。間違っていたことはすっかりリセットして、新しくよい日本を築いていかなくてはいけないのに、政治家もマスコミも御用学者も、これまでの既得権益保持者たちが、まだ以前と同じやり方で権力を保持しようとしているように見えます。

今回の震災の後で私がすぐ思ったのは、こんなに失敗したので、戦犯探し、悪者探しを自分たちのなかで始めるだろうということでした。内ゲバです。自分が生き残るためには、内部を知っている人たちの間で味方を売るので、批判が出てきてオセロゲームのようにかつての権威がすべてひっくり返ってしまう。これが日本なのです。

けれどもあれから七年間すぎましたが、そんなに変わらなかったように見えます。それでも、これまでの権威が失墜し、教えられたことに疑いを持つ日本人も少しは出てきたように思います。中国史についても、ソ連のコミンテルンやマルクス主義の影響を強く受けた戦後の日教組教育では、ひたすら日本が悪かったかのように教えてきましたが、本書が、自分の頭で考え直すきっかけになったらうれしいです。

日教組教育の申し子である団塊の世代は退場しつつありますが、日本社会は変わるでしょうか。左翼には互いに同士討ちをやっていただいて、二十代、三十代の若い人たち、これまでは組織に属さなかった、個人でしっかりやってきた人たちが社会の表に出て、日本を立て直してくれることを、私は心から望んでいます。

中国の新しい時代は義和団の乱以降に始まる

それでは、本章の本題に入ります。義和団の乱後、西太后が新政を敷きました。義和団の乱で北京を逃げ出してしまった宮廷の権力は地に堕ち、李鴻章を引き継いだ袁世凱や張之洞《ちょうしどう》、劉坤一《りゅうこんいつ》ら漢人将軍が勢力を増します。張之洞はかなり大きな軍閥で、劉坤一も一九〇二年に亡くなりますが、団練を率いて湖南に侵入し太平天国を駆逐した軍閥です。

新政は軍閥の勢力下で改革が行なわれたのです。先の話になりますが、辛亥革命が真の民主革命にならなかったのも、結局ここに原因があるのです。

新政によって一九〇五年に科挙が廃止されますが、清朝末期のこの時期、すでに科挙はまっとうな役割を果たしていませんでした。しかし、科挙しか教育制度と官僚組織がありません。科挙に向けて勉強している人たちのなかから軍閥の指導者も出てきます。科挙は漢字ができなければ始まりませんから、軍閥がまったく文字を読めなかったということはありません。

中央官庁の官僚は相変わらず科挙官僚でした。彼らはそこまで登り詰めた者たちですが、対外的な問題ではまったく役に立っていません。彼らにはいっさい国際性がありませんでした。それではダメだということで、しかも日本が日露戦争にまで勝った後から、日本式でいこうと決めました。日本への留学生派遣が増えたのも、日本が日露戦争に勝ったからで、清国もこれしかないとはっきり決まったのです。

また新政において、買弁《ばいべん》や大商人、郷紳などの企業が始まります。これは李鴻章がやった洋務運動と同じものです。洋務運動が内陸にも広がったと考えていいでしょう。李鴻章の洋務運動のやり方がよかったので、それに倣《なら》ったのです。

そしてミニ李鴻章がたくさんできました。李鴻章ほどは偉くなりませんが、袁世凱が李鴻章を引き継いで、その後袁世凱が死んでしまうと、そのミニ李鴻章たちがライバル同士となって地方軍閥になるわけですから、地方軍閥の抗争の根はここにあるのです。

洋務運動が内陸まで広がり、外国人や外国資本、外国製品も内陸へと進出していきます。列強は沿岸の租界から内陸に向けて鉄道を敷き、キリスト教徒も増えていきました。そしてキリスト教への暴動も内陸へと広まっていきました。

中国で日露戦争が過小評価される理由

義和団の乱の四年後の一九〇四年（明治三十七年）、日露戦争が起こります。日露戦争の原因はまず朝鮮半島の問題が大きいのです。

ロシアはすでに沿海州とアムール河以北を取っていました。それから賄賂を贈って東清鉄道の敷設権を得ました。というのも、清朝は日清戦争で日本に敗けて賠償金を支払わなければならなくなりましたが、いっさい現金はありませんでした。この金を清はフランスの銀行から借りますが、ロシアがその口利きをしたのです。アロー戦争の時もそうでしたが、清は英仏との交渉の仕方もわかりませんでした。そのため、いつもロシアが間に入っていました。

ロシアはいつも漁夫の利を得て、いい目を見たわけです。だから先ほどのジョルジュ・ビゴーの風刺画のように描かれるのです。本当に風刺画の通り、ロシアは日本だけいい目にあわせたくないというので、三国干渉でフランスとドイツを誘いました。それで日本に遼東半島を清に返還させたにもかかわらず、その遼東半島にロシアが租界を得たわけです。何のことはありません。日本から取り上げてロシアがかっさらっただけです。

そのついでに、フランスは広州、ドイツは膠州《こうしゅう》湾、イギリスは九龍《きゅうりゅう》半島をと、ちょっとずつ取っていきました。日本から返還させた以上に自分たちが分け取ったのです。日清戦争のせいで義和団も起こるわけですから、義和団の乱から中国の近代化が始まったとしたら、日清戦争の果たした役割は非常に大きかったわけです。

ロシアは遼東半島を清朝から得た後、その南端に軍港をつくりました。そしてハルビンから遼東半島先端の大連まで、鉄道敷設の権利まで得ました。

なぜロシアはそれほど遼東半島に固執したかというと、せっかく獲得した沿海州のウラジオストクは、冬の間は凍ってしまうからです。ですから、ロシアはどうしても不凍港が欲しかったのです。ロシアは遼東半島だけではなく、その東側の朝鮮にも目をつけて、清津にも入ってきました。朝鮮の龍岩浦《りゅうがんぽ》を租借し、鴨《おう》緑江《りょくこう》を越えて森林伐採などもしています。

とにかくロシアのしたことはすごいではないですか。日本が朝鮮半島の独立を主張して日清戦争となり、日本が必死になって戦って、清朝が負けた途端、ロシアが遼東半島のみならず朝鮮も狙ったのです。

しかも、まずいことに、三国干渉で日本が遼東半島を返還したのを見た朝鮮の閔妃と高宗は、日本よりロシアのほうが強いとわかってロシア側につくのです。それで日本人の怒りが生まれました。「われわれは何のために努力したのか、金を使って人まで死んで朝鮮を独立させたのは、彼らをロシア側につかせるためではない」と、日本の軍人は閔妃を暗殺してしまったわけです。

日本はロシアに対して必死に交渉に入りました。せっかく清朝を抑えたと思ったら、今度は対馬の対岸までロシアになるなんて冗談ではない。日本はその前まで朝鮮を開国させ、近代化を援助しようとして、袁世凱とやり合っていました。渋沢栄一などはすでに朝鮮に鉄道を敷くつもりでいろいろと下準備もしていました。そうしたらなんと高宗は、閔妃を殺された腹いせに、正式な条約を交わしていないといって、ロシアにすべての鉄道の敷設権を与えてしまったのです。

ところがです、ロシアも金がないので、朝鮮は今度はその敷設権をフランスやアメリカなどの外国に売りに出してしまいました。しかし、どの国も結局は金がなくて、最後に渋沢栄一がまた出てくることになります。

閔妃殺害事件の後、高宗はロシア公使館に逃げ込んで、帰ってきてから一八九七年に韓国皇帝を称します。日本が清から独立させたおかげで王よりも位が上の皇帝になれたのです。しかし、高宗は清朝も嫌いだが、日本はもっと嫌いなので縁を切ると言ったので、日本人は非常に怒りました。また安全保障上からも脅威であるので、困ってロシアと交渉に入りました。

日露戦争：軍事大国ロシア軍の砲撃

日本の条件は、満洲はロシアでいいので、朝鮮は日本の勢力圏としてそこで止めてほしいというものでした。しかし、ロシアは日本を鼻であしらってばかりいて、まったく交渉相手にしません。朝鮮を中立地帯にしようと返答するありさまでした。そして、いまの北朝鮮にまで入ってきたのです。

日本は、もし朝鮮がロシアになってしまったら大変である、明治維新以来の努力はすべて水の泡になってしまうと考えました。しかもシベリア鉄道が着々と敷かれているという時に、義和団の乱が起こったのです。義和団の乱が起こった山東半島の人たちは、海を隔てた向かいの遼東半島や満洲に渡った人が多くいました。ですから、満洲の漢語は山東方言です。それで自分たちの地元の話がすぐに入って来たので、今度はロシアを嫌いな人たちが、ロシアの鉄道を壊しました。

ロシアは東清鉄道と自国民保護という侵入のきっかけをつかんだので、一気にシベリアから十七万七千人の軍が入って満洲全域を押さえてしまいました。日本が北京で八カ国連合軍の一員として邦人保護のために必死になって戦っている時に、ロシアはまた漁夫の利で、満洲をすべて占領してしまったのです。それで慌てたイギリスが日英同盟を結んで、満洲を清朝に返せとロシアに圧力をかけるのです。

ところが、ロシアはのらりくらりと口だけ約束して返そうともしないし、撤退もしませんでした。そこで、イギリスだけではなく、何も得られなかったアメリカまでもが「門戸開放」と言って、ロシアを満洲から出て行かせようとしました。アメリカは出て行かないのなら日本を援助すると言って、日本に大量に戦費を援助したのです。

ですから、日露戦争は列強の代理戦争なのです。イギリス、アメリカが日本について、ロシアが出てくるのは困ると言って戦争をさせたのです。とりあえず日露両国がへとへとになるくらいまで戦争してくれたら十分だという心づもりです。こうして、歴史はすべてリンクしています。

それに対して中国では、山東半島の漢族が満洲へ出かせぎに行っていますが、一九〇〇年までは、法を破ってこっそりと行っており、正規の入植ではありませんでした。満洲は満洲人の土地で、漢族に対してオープンな土地ではなかったのです。ロシアが鉄道を敷くというので苦力として出て行っているだけですから、満洲について何かを言えるような立場になかったのです。かといって、満洲人がちゃんとしているかというと、あらかた北京に移住していますので、満洲に残った人口が少なく、満洲大臣はロシアに軍事的に脅されて逃げたというくらいのものなのです。この時はもうひたすら

日露戦争：ポーツマス講和会議。中央がルーズベルト米大統領、右が高平小五郎（右端）と小村寿太郎、左がウィッテ（左端）とローゼン

軟弱になっています。

そして、日本とロシアが戦争に突入した時には、清国は中立宣言をしたのです。つまり、どちらの国にもつきませんということです。自分の国土のくせに何もしなかったのです。ですから、日露戦争後、日本に留学していた清国留学生はみな、日本に対してものすごくありがたいと言って、日露戦争の勝利を大喜びしたのです。もし日本が戦わなかったら、あの土地はいまもずっとロシアだったのですから。

中国は日本のおかげで、いまの東北地方が存在すると書くべき

日露戦争は世界的に見ても、非常に大きな出来事でした。日露戦争はまずロシア革命を引き起こしましたし、エジプトやインドが元気になりました。それまでは白人しか統治できないと信じ込まされてきた人たちが「白人の国を日本というアジア人が打ち破った、俺たちにもできるかもしれない」ということで、世界中がこれから革命に入るのです。ですから、日露戦争は世界にものすごく大きな影響を与えています。ロシアもしかり、中国もこの後革命に入っていきます。アジ

ア、アフリカ諸国も同じです。

これを中国史から見れば、本当に感謝すべき戦いであったということです。中国がいま、満洲を東北地方と呼べるのも日本のおかげです。そういうふうに歴史を書いたほうが正しい中国史であるということです。もし日本が勝たなければ、朝鮮などとともにすべてロシアになっていました。朝鮮はコリアスタンと呼ばれていたでしょう。

とにかく、日露戦争というのは中国史にとっても大きな出来事なのです。中国という国はまだないわけですから、ロシアに簒奪《さんだつ》されていたはずです。そして、欧米に切り刻まれてなくなっていた可能性もあります。

それなのに、日本人はどうしてこうも弱くなったのでしょうか。おそらく戦後、マルクス主義者が日本を滅ぼしたかったのだろうとしか言いようがありません。これはものすごく間違った要求です。ウソの歴史をつくり上げようとする目的はどこにあるのでしょうか。たぶん勝ったほうに迎合したかったのでしょう。

しかし、勝ち負けは時の運であるし、ただ立派に負けたことを、自分たちの誇りに思えばいいと思うのですが、そういうふうに思わないのが、やはり卑しい。まさに結局、戦後に誇りやプライドを捨てた人たちが日本を牛耳ったせいです。

奴隷根性。先人に対して失礼な話です。こうした間違いを、みながちゃんと理解するべきです。

中国人と中国共産党は、ウソの歴史を平気でつくって、そのまま進もうとしているのです。日教組もウソを歴史にしています。従軍慰安婦にしても、南京大虐殺にしても、まったくなかったことを、あったことにするのはひどいものです。そのせいで、日本が北朝鮮や中国に支配されたらどうするのでしょうか。

明治の日本人は、小さい島国ながら外交に対しては本当に一所懸命頑張っていたのです。明治の人がこんなにちゃんとしてくれたのに、崩壊させてどうするのでしょうか。とにかく日本を悪くした人には責任を取ってほしいものです。ウソの歴史を書いた人も同じです。

客家コネクションで登場する孫文の本当の姿

日露戦争の話は終わりまして、次はいよいよ辛亥革命を起こした孫文《そんぶん》についてです。孫文は一八九四年（明治二十七年）にハワイで興中会《こうちゅうかい》を組織しました。興中会は客家の秘密結社です。秘密結社については後で話をします。

孫文を革命派と言いますが、中国分裂の危機だからアメリカで学んだ共和制というものを中国に入れようなどと、孫文は興中会結成の時には言っていません。中国という意識がまだないのですから、この時に中国とか中国分裂と言ったわけがありません。孫文の話は、後でそういうことにしたにすぎないのです。

孫文は、そもそも漢文教育は受けていません。家がものすごく貧しかったので、中国ではまったく教育を受けませんでした。もともと百姓の出で、お兄さんがハワイのマウイ島で成功したので呼んでもらって、十四歳でハワイに渡ってはじめて教育を受けました。ですから、漢文の教育がないのです（後でできるようにはなりましたが）。お兄さんがハワイのマウイ島で生活していたということは、以前にお話しした華僑とか苦力のような階層で、食い詰めて出て行って、若干金を貯めたので弟の孫文にも教育を与えようということになったのです。

孫文（1866～1925）

客家はもともと貧しい山のなかから下りてきた人たちで、沿岸の大きな農村とかには関係がありません。太平天国の洪秀全と同じです。だから教育は大事、女は纏足をしない、男女ともによく働く、ネットワークが強いという共通した性格が受け継がれています。つまり、故郷が貧乏なため、とりあえず外に出て、お互いに商売したりして、金儲けもするし教育にも熱心な、話し言葉が同じ人たちのグループが客家なのです。孫文もそのネットワークを使いました。

そのネットワークはいまでもあって、客家コネクションとよく言われます。シンガポールのリー・クワンユーも客家です。台湾の李登輝《りとうき》も大陸の鄧小平《とうしょうへい》も客家です。客家には政治家も多く、「ユダヤの陰謀」と同じように「客家の陰謀」などと言われます。互いにわかり合う、話し言葉が同じグループということで結束するからでしょう。そもそも同じ華僑で東南アジアやシンガポール、フィリピンに行った人たちのなかでも、台湾のなかでさえも、話し言葉が違えばまったく異民族扱いで、お互いに仲が悪い。そのなかで客家は、ネットワークが世界中に広がっています。それは確かです。

チャイナタウンにも客家のネットワークはあります。私はチャイナタウンについては、よくこの話をします。サンフランシスコでもハワイでもチャイナタウンはどこでも中国人が集まっていますが、宝石商なら宝石商が十何軒も並んでいて、全部違う言葉を話す人たちが店を持っています。私は中国人と一緒に行ったのですが、彼女は一軒ずつノックして歩いて、なかの人とひと言挨拶《あいさつ》を交わして、「この店はダメ」と言って出て来てしまいます。ようやく「この店にする」と言って入って行ったので、「何でこの店にしたの？」と聞くと、「同じ言葉を話したから」と言うのです。

つまり、中国人は同じ話し言葉の人たちと取り引きをするのです。十何軒並んでいても、彼ら同士はギルドのような組合をつくっているだけで、それぞれの商売相手は違う中国人です。そうして棲《す》み分けているのです。中国人社会というのは、そういうふうにネットワークが非常に上手く絡み合ってできています。

ですから、ニューヨークでもどこでも、話し言葉が違う人たちとはものすごく仲が悪かったり、抗争したりするのです。本当にやくざ組織（チャイニーズ・マフィア）と同じです。それが秘密結社で、中国では、とくに大きく北と南に分かれています。南が天地会《てんちかい》です。これがイギリス人が三合会《さんごうかい》と呼んでいるもので、洪門《こうもん》とも呼ばれています。天地会、三合会、洪門、これは全部同じものを指しています。

そして、北は白蓮教徒です。これが義和団の義和拳ということになります。北のほうが白蓮教系の秘密結社で、南のほうは天地会。南部と北部はまったく違う組織で動くのが特徴です。

また、天地会もいろいろ分かれています。このうちの一部が国民党だとか共産党になったのです。たとえば、哥老会は、共産党の有名な将軍賀龍《がりゅう》の地盤でしたが、天地会の系統です。洪門というのは会員は同族という建前で、共通の姓が洪だということです。太平天国の乱を起こした洪秀全は改名したのか、もともとの姓なのか、このあたりはよくわかりません。洪門のなかの客家に伝わったものが、太平天国の乱の上帝会《じょうていかい》と呼ばれる組織になりました。

いずれにしろ、これらが全部一緒かというと、やはり違います。同じように見えても自分たちの組織は別なのです。しかし大きな目で見ると、南部が天地会で、北部が白蓮教と分けられます。こうした結社があるというのは、つまりは国が助けてくれない、助けてくれるような組織が他にまったくないため、自分たちで互助組織をつくったのです。互いに助け合うための組織、それが秘密結社です。

孫文の話に戻りますが、ハワイに行ったお兄さんはおそらく三合会に属していました。孫文は広東省の人で、まず十四歳でハワイに行って四年間教会学校で勉強して、それから十八歳の時に香港に戻って来て、洗礼を受けてキリスト教徒になっています。そして、お兄さんの金で香港のクイーンズカレッジに行きました。もう完全に英語教育です。ここで勉強した後に広州の医学校で勉強して医者になりますが、この時に三合会の大親分で、大きな地位にあったらしい客家の鄭《てい》士良《しりょう》と親友になります。彼が孫文を後押しすることになり、孫文はそのつながりで活動していったのです。

孫文は英語がすごくよくできたので、彼の名は外国で知られることになります。それで、早くから欧米文化、とくに自然科学に親しむ機会を得ました。本当かどうかはわかりませんが、進化論に惹《ひ》かれていたようです。そして、医科専門学校を卒業した後、一八九二年（明治二十五年）に香港政庁から医師免状を受けて、マカオと広州で医者を始めます。彼に医師の免状を出したのはイギリスです。清朝にはまだその頃、免状も何もありません。

欧米文化のなかで育ったせいで、孫文はイギリスにかぶれて、近代化して中国を変えなければいけないというふうに考えるようになったと思われます。一八九四年に李鴻章に建白書を出しています。外国に見習って近代化をすべしという提言をしましたが、受け入れられませんでした。この後、清朝をいっさい見限って革命に入るのです。

康有為はあくまでも清朝を内側から変えたかったのですが、孫文は一度建白書を送って拒否されたら清朝を潰そうとするわけです。康有為は科挙官僚の一人で、儒教も勉強しているので、清朝を倒そうという発想にはなりません。しかし、孫文はイギリス、英語教育の人ですから、そこで分かれるのです。

建白書が李鴻章に拒否されたので、日清戦争が始まった一八九四年十一月、孫文はハワイに移って興中会を組織しました。そこで「清朝打倒」を主張したため、当局に睨まれ、それで清朝に戻らずに外国を渡り歩くわけです。一八九五年の蜂起で、親友の陸皓東《りくこくとう》は清に捕えられて殺され、孫文は日本に亡命しました。謀反者として首に賞金がかけられ、清朝から指名手配を受けた孫文は、それでも「清朝打倒」を訴えて十回も蜂起しましたが、すべて失敗に終わっています。

その間、イギリスで中国公使館に軟禁されて本国に送還されるところをイギリス人に助けられたために、ヨーロッパで非常に有名になりました。つまり、彼が有名になったのは、逃げまわっていたからなのです。この間に一八九七年に一度、日本にまた戻って来ています。「ヨーロッパの旅を終えて日本に帰る」と孫文自身が書いているように、彼は清朝には地盤はなく、言ってみれば日本とハワイが地盤だったのです。

孫文が日本にいる間の一八九八年、清朝で戊戌《ぼじゅつ》の政変が起きます。先述の康有為が失敗して、西太后に追われて梁啓超《りょうけいちょう》と二人で日本に亡命してきました。つまり、孫文と康有為は同じ時に東京にいたのです。その時、ある日本人が、同じ近代化を志す同国人同士だから両者を会わせて一緒にしようと考えたという話があります。

この時、孫文は承諾したのに、康有為は「清朝を倒そうというような不逞《ふてい》の輩《やから》は顔も見たくない」と言って拒否したということです。

孫文の辛亥革命は本当はたいしたことはない

一九一一年（明治四十四年）の辛亥《しんがい》革命以前に孫文が起こした革命は、全部失敗しています。孫文は清朝のなかにはまったく地盤がありません。地方軍すら持っていませんでした。孫文よりも軍閥のほうがはるかに強いのです。軍閥は人民を支配しているというか、多くの人々を把握しているのですから当たり前です。

孫文は郷紳の家の出身でもないし、将軍になったこともありません。先ほども言ったように、十四歳でアメリカではじめて教育を受けて、香港で医者になってと、まったく中国のなかに入っていないのです。

それに比べたら、少なくとも郷紳、つまり地方のきちんとした家の出身の人たちには自分の一族があります。もう少し上にいくと、李鴻章、袁世凱などは本当に大きな地盤を持っています。太平天国の乱を鎮圧した将軍にしても、ああいった軍閥の親玉は、ものすごい人数を把握しているのです。庶民としては、彼ら軍閥が食わせてくれているわけで、それはもう地方の名士です。孫文などは外国で有名なだけにすぎません。

しかも彼は逃げまわっていただけです。イギリスやアメリカでは有名だけれども、清国からは指名手配されていた。そのことで有名になっただけです。中国の庶民からしたら、孫文がそんなに偉いのかというギャップがあります。孫文に賞金がかかったので、イギリス人、アメリカ人が、何かの時に役に立つからこいつは使えると思っただけです。

おそらく日本人も同じですが、彼を見て格好よく思い、入れ込んでしまったのです。とくに日本人がものすごく入れ込んでしまって、しょっちゅう革命について行きました。南へ行っては一緒に蜂起してあげたりするほどでした。

この時日本人が死んだりまでしています。つまり、孫文は金から人間から全部他人に頼って、客人もいいところです。地盤もなく中国の人々とは何の接触もなく、しかも客家で、中国の土地で何の教育も受けておらず、中国のやり方を知らないのが彼の実体です。

中国史から見た孫文の評価でいうと、戦後の台湾がまず彼を持ち上げました。自分たちは辛亥革命あっての国ですから彼を正当化するしかありません。もちろん、蔣介石は孫文あっての蔣介石で、孫文がどんなに立派だったかを、中華民国になった台湾はできるだけ大きく持ち上げました。

しかし、実際には政治的なやり方が上手なわけではなく、大陸に地盤もなく、漢籍の教育を受けているわけでもなく、客家だから中央にも食い込めず、外国の援助でちょこちょこと革命運動をやっては逃げ帰ったわけです。ですから、日本人はそのことに気づいてだんだんあきれて、最後には愛想をつかしてしまいました。すると、彼は何とソ連と組んでしまいます。言ってみれば最悪な人物です。

ただの西洋かぶれの康有為らの新しい思想

日本には日清戦争の後、清国の留学生がたくさん来ています。康有為は清朝の皇帝に日本の明治維新のように近代化しようと提言しました。日本人のほうもいろんなやり方で清朝と朝鮮を近代化させるための後押しをしていたので、孫文もそこに頼って金をくれと日本に言ってきました。しかし孫文、康有為の両方がお互いに嫌っていたわけです。とくに康有為が孫文を嫌っていましたが。

彼らが動き出したのは、日清戦争で清が負けてからです。中国人は日清戦争でショックを受けたのです。だから、最初から言っているように、中国の近代は日本から始まるのです。日本に敗れた日清戦争こそが、本当の意味の変動の始まりなのです。

こうして日本やその他の国に留学した人々を、中国語では〝文化人〟と呼びます。つまり、新しい理念を外国でちょこちょこと勉強した知識人、文化人ではあるけれども、読書人ではないということです。古いスタイルの科挙官僚を目指した、科挙の試験を目指したような人たち、儒教をはじめとした漢籍で勉強した人たちではないという意味です。言いかえれば、西洋思想にかぶれた人たちです。彼らは日本語ができました。なぜなら清国留学生は、日本語ができないと英語やロシア語やフランス語をいきなり勉強できないからです。彼らのなかには、共産主義や社会主義など、日本に入ってきて翻訳された欧米思想にすっかりやられる人が多かったのです。辛亥革命は日本留学生が起こしたものです。つまり日本が革命の母体だったのです。

孫文の三民主義と清朝を倒すことは無関係

「民族主義」「民権主義」「民生主義」の三民主義を掲げて革命を目指す孫文を、日本は支援しました。しかしその目的は人によりさまざまで、日本が一つになって応援したわけではありません。革命支持も国としての方針ではありません。

孫文を個人的に好きだった宮崎滔天《とうてん》などは全面的に支持しますが、中国での革命に対して日本のなかにも政治論争がありました。憲法はどうか、国会はどうか、あれがいいこれがいいと、方向性は多岐にわたっていたため、個人個人でそれぞれに援助しているというのが実態でした。

1905年春、ベルギーで革命について中国人留学生と討論した孫文

ですから、一方で清国に頼まれて、革命を唱える清国留学生を日本の警察が追いかけるということも実際にありました。清国から捕まえてくれ、送還してくれと依頼されるので、あまりにひどい輩《やから》は送還したりもしています。

というのも、正式に日清修好条規を結んでいましたから、革命派を取り締まってくれと向こうの政府が言ってくれば、日本は動かざるを得なかったからです。

辛亥革命が起こった時、すぐ賛同したのは、清のなかでも南の十四省でした。それは最初から同じ漢字がわかる、自分たちと言葉も近いという人たちのネットワークです。北京のまわりや満洲、モンゴルやチベットや新疆など藩部と呼ばれる別の地域は全然入っていません。要するに天地会が動いたということです。

心情としては「満洲を倒せ」、つまり南のわれわれが北を支配している奴らを倒すというイメージです。漢族は清朝が支配していた領域を、全部自分たちのものだと思っていません。モンゴルやチベットや満洲、ウイグルなどを、自分たちと同じなどとは思っていないのです。それらを失うことはまったくなんとも思っていないので、大漢族主義などというのは後追いの話なのです。領域を言い出すのは後の時代です。

辛亥革命の成功は日本の日露戦争のおかげ

彼らの革命に弾みをつけたのが、日露戦争の日本の勝利でした。「日本を見習え」なのです。「日本は明治維新以来たった三十年でこんなに強くなった。日本のようなやり方をしよう」と、日本をモデルにする気持ちが一気にわき上がりました。日露戦争の頃から清国からの留学生がドンと増えています。とにかく「日本に学べ」なのです。

ただ、それが本当に日本を理解したり贔屓《ひいき》したりするというのではまったくありません。彼らは中国人ですから、とにかく強いほうについて、いいものを手に入れて、一気に早く強くなろうと考えたにすぎません。つまり「日本は三十年かかって自分たちでコツコツと翻訳してヨーロッパの近代を学んできたけれども、われわれは漢字が読めるから日本が三十年かかったことを一年でできる」というような、そんな精神なのです。

彼らは知識人ですから世界の情勢がわかっていて、ロシアは嫌いということがはっきりしていました。日本よりもロシアを嫌いで、日本に対しては満洲にロシアが来たのを追い返してくれてありがたいという意識があったのは確かです。ですから、日露戦争の時の日本の勝利には彼らも万歳したのです。

しかし、いまの中国では日露戦争での日本の勝利の話などというのは、ほとんど聞かされていません。日露戦争で日本が勝利したことを、一九一九年（大正八年）の五・四運動の後になって、あれは日本が侵略するためにロシアを追い返したんだというふうな説明をしたのです。そうすると日露戦争など、少しもありがたくなくなるわけです。

革命後の中国人は、日露戦争を日本とロシアの植民地闘争だくらいにしか考えていません。となるといっさい大事であるとは思わないわけですが、当時の人にとってみたらロシアを追い返してくれたという感じだったのです。

孫文より袁世凱のほうが中国史では重要

虚心坦懐に中国史を見れば、中華民国の樹立に関しては孫文より袁世凱のほうが重要です。にもかかわらず、袁世凱はものすごく悪者にされています。しかし歴史家の立場から見た場合、実力の差というのは非常にあって、袁世凱がいなければ中華民国はできていません。もうまったく四分五裂のままでしょう。実際に、袁世凱が死んだ途端に軍閥が四分五裂になったのです。ですから、袁世凱こそが実力としてはナンバーワンです。

彼は李鴻章の一の子分で、世界情勢もわかっていました。もし「李鴻章は立派な人だった」などと言うのであれば、本当は袁世凱のほうがその名誉を得るべきかもしれません。ただ、いろいろ政治的に立ちまわってというか、清朝を滅ぼしてしまったわけだし、孫文から地位を奪ったわけだし、完全なる悪者にされているのは『三国志』の曹操《そうそう》のような存在と言っていいかもしれません。本来は一番実力があって立派なのに、お芝居では悪者という、そういう評価です。

それに対して孫文は、諸外国で有名だったので、顔として上に乗っているお飾りのような役割でした。ソ連も彼を使おうとしますし、彼は死ぬまでそうでした。顔というよりも帽子の飾りでしょうか。モンゴルではよく「帽子の飾り」という言い方をします。というのは、一番目立つからです。目立つけど乗っかっているだけ。頭を使うわけでもなく、何かをするわけでもありません。

一九一一年（明治四十四年）に南方で武装蜂起が起こり、一九一二年には中華民国の臨時政府ができます。辛亥革命です。武装蜂起は陸軍士官学校出身、つまり、日本に留学した新式の訓練を受けた清朝の地方軍の長官たちが起こしたのです。その時、孫文は中国にいませんでした。アメリカにいて、慌てて帰って来たのです。

革命を起こした将校たちは軍人だし、誰も頭になるには五十歩百歩でした。だから、外国語で革命の趣旨を表明してくれる人がどうしても必要でした。そこで、ちょうどいいからというので孫文がその上に乗っかっただけです。孫文は、それまでも何回も武装蜂起をしていましたから、中国の南でも一応有名ではあったのです。それで、彼が臨時大総統に持ち上げられました。

その当時の袁世凱はというと、実権が大きくなりすぎて危ないからというので、職を解かれて隠居していました。あまりにも大きな力を持って北洋軍を管轄していたので、清朝の満洲大臣と皇帝の父である摂政たちが、彼を解職していたのです。

ところが、南で革命が起こると、慌てた清朝が、みなで右往左往して袁世凱を呼び戻します。なにせ皇帝は小さいし、お父さんの摂政は凡庸《ぼんよう》だったからです。それで袁世凱は全権委任され、とりあえず革命軍を鎮圧しに行ってくれと言われて、清で一番強い北洋軍を率いて南に下って革命軍を退治しようとしました。どちらも清朝軍ですが、北は政府軍で南は革命軍です。革命軍は軍閥ではなく、もともと清朝軍でしたから、クーデターだったのです。

袁世凱（1859～1916）

そこではじめて孫文の軍と向き合った時、当然、袁世凱の軍のほうが大きいわけです。革命軍は地方軍が集まっただけですから、それがすぐに一つの軍隊になるかというと、そんな簡単にはいきません。

辛亥革命当時にはまだ共通語がなくて、革命を起こした地方軍の長官たちは、お互いに日本語で連絡し合ったそうです。そもそも、日本の留学帰りが革命を起こしたのだし、地方によって話し言葉が違う時代で、軍隊用語にしろ、連絡にしろ、全部が日本語だったのです。辛亥革命は、日本語でお互いに連絡を取って、ばたばたと反清朝になったのです。

しかしながら、統率がとれているわけでもなく、誰が上になるかと言ってもめそうな人たちでした。そこで孫文が代表になって、袁世凱と話し合いに入りました。袁世凱は日清戦争の時は朝鮮に赴任していました。ですから、日清戦争も知っていますし、それこそ李鴻章から引き継いで諸外国に対する情勢をよく知っていたので、ここで南北戦争を起こしたら清朝はなくなってしまうだろうということがわかっていました。領土の大きさから見たら革命に反対する清朝派の北側だって大きいもので、およそ三分の一が革命派で、三分の二が清朝派という具合です。

もし戦争が起きた場合には、ものすごい激戦になり、なかなか決着がつきません。その間に諸外国に全部とられるのは目に見えていると袁世凱は感じていたのです。孫文にしても、イギリスやアメリカにいたのだからわかっています。そこで孫文と袁世凱が話し合い、孫文はもし清朝を平和裡《り》に退場させてくれるのであれば、すぐに袁世凱に大総統の地位を譲ると言って密約をしたのです。

辛亥革命でなぜ清朝は生き残ったのか

この時、清朝皇帝の溥儀《ふぎ》は六歳で、お父さんが摂政でした。袁世凱は清朝の家来でしたが、幼い君主の宣統帝《せんとう》（溥儀）に「こんなことで内乱になったら誰も幸せにならない。一生皇帝という称号を名乗ってもよいから」と言ってことを収めました。

皇帝側は袁世凱に「満洲人の財産を保護する、生涯紫禁《しきん》城で暮らしてよい、年金も出す、だから清朝は潰してください」と言われ、権益保護をしてくれるのだったらということでOKしたのです。清朝を潰したけれども、それは皇帝を廃止しただけで、実権は全部残したということです。もともと、袁世凱も南のほうの革命派も自分たちが任命した官僚です。つまり、この約束があって、翌一九一二年二月十二日に無事、清朝がなくなったのです。

袁世凱は清朝に対しては、知り合いも多くいましたし、少しも悪く思っていません。袁世凱は清の皇族を文化的にも尊敬していました。なにしろ自分を大臣にしてくれた王朝ですから、彼は死ぬまで清朝に敬意を払い続けていました。

辛亥革命はある意味無血革命だったのです。それ以前の王朝ではもとの皇帝の一族はだいたい惨殺されていました。ですから、清朝は異例です。日本の明治維新も無血革命ですが、平和裡に王朝が変わるということは、やはり明治維新が彼らの頭にあったからと思います。

彼らも真似をしたのでしょう。明治維新は、征夷大将軍が退位して天皇が国家の元首になりました。中国は皇帝が退位して、もともとの全権大臣が政治をするわけですから、逆ですが同じことです。そうすれば、虎視眈々《こしたんたん》と狙っている列強につけ込まれなくてすみます。ですから、袁世凱というのは非常に頭がよくて、政治力があって実力もあるし、外国のことがわかっていたと言うべきです。さすがに孫文もわかっていたからそうしたのです。

もしこの時、皇帝溥儀を殺していたら、中国はその時点で、満洲とチベットとモンゴルが本当に分裂していたでしょう。チベットはイギリスになり、満洲はロシアになる、モンゴルもロシアになります。日本も出てくるので、まったく分裂してしまったはずです。皇帝がいるから、満洲やチベットやモンゴルは、まだそれでもついてきました。しかし、皇帝を殺すとなると、袁世凱は北洋軍しか持っていませんので、今度は彼が清朝の八旗兵やモンゴル兵、正規軍すべての敵になって殺されたはずです。

清朝皇帝の正統性があるから、袁世凱は総統の地位に就けたのです。皇帝との円満な関係で、皇帝を後ろ盾にして彼は統治を始めます。清朝を継続させたというか、清朝の土地や支配領域、領民を自分がその後なんとかするというのは、清朝の正統性というものがあったからです。他の人間なんてどんぐりの背くらべで、すでに科挙もありません。誰も保障してくれないのです。もし皇帝を殺していたら、今度は外国の保障が必要になります。そうなれば、中国は完全な植民地になったはずです。

愛新覚羅溥儀（1906～1967）

中華民国というのは、清朝の南方しか実効支配していなかったにもかかわらず、中華民国を名乗りました。ここに誤魔化しがあります。中国では昔から王朝が交替していたのに、辛亥革命では交替したわけではありません。昔も南北朝があって、北に金があったり遼があったりして、南に宋がありました。それをなかったことにするのと同じやり方で押し切ったのです。ここでも中華民国が清朝を滅ぼしたことにしただけで、自分たちは南しか支配していないのに中華民国という名前を名乗ったわけです。実際は、日本人が持っているイメージとはまったく異なります。

清朝という名前は降ろしたものの実体は残っていて、ただ満洲大臣とか摂政が役に立たず、皇帝も六歳ですから、自分たちの実権や権利だけが残ればいいと思っていたのです。それができたのは、彼らが満洲人だったからです。中華民国と漢字で名前がついていても、そんなことはあまり気にしない人たちだったということです。

というのも、自分たちは満洲語を持っています。普通日本人が中国史を見た時に、たとえばアヘン戦争の後の南京条約などは、中国はこの時にはじめて外国と対等な条約を結んだと書きます。しかし、本当はそれ以前にロシアとネルチンスク条約という対等な条約を結んでいるのです。ただし、その条約には漢文がありません。満洲語とロシア語とラテン語で書いた条文があるだけです。ですから、漢字だけしか読まない人たちの間で、南京条約が外国と結んだはじめての条約と

辛亥革命で独立を宣言した14省

［宮脇淳子作成］

言われているだけなのです。

岡田と私は清朝史研究会というものを主宰《しゅさい》していて、今後順次に、藤原書店からそれぞれの専門家が清朝史叢書《そうしょ》として刊行していく予定ですが、実は満洲人、つまり清朝の支配者は、漢字の意味や使い方を熟知していてわざと漢字では書かなかったのです。漢字の文明に対してはそちら向きのものしか書かないで、満洲人が実はヨーロッパの文明のことを意外とよく知っていたということがわかってきたのです。

そもそもモンゴル人、満洲人は、漢人よりもロシア人のほうが近しい存在です。ですから、中華民国が清朝を滅ぼしたというのは、漢字でそう言っているにすぎないということです。中華民国が、清朝は全部俺たちが継承したから、モンゴルやチベットには何の権利もないというのは、中国の解釈にすぎないのです。

袁世凱はそれを知っていました。なぜならば、本当に清朝を滅ぼして中華民国を興すためには、中華人民共和国まで待たなければいけなかったからです。当時は軍事力が足りなかったわけで、袁世凱はそれをよく知っていたと思います。

ですから、辛亥革命をそのまま文字通りに解釈すると、実状が日本人にはわからないのです。清朝の歴史があって、一九一二年からバタッと中華民国に変わったとしてしまうと、すごく誤解が生じてしまいます。実際には、清朝領域のほんの一部分が中華民国という感じです。中華民国は南のほうだけで、北はまだずっと清朝の気持ちが残っているのです。つまり、中華民国も中国なんかではありません。首都は南京に移しますが、結局は南京だけなのです。つまり、先ほども言ったように南朝なのです。中華民国自体が南の漢族の国で、しかもそれが、後に軍閥によってバラバラになります。

言いかえれば、モンゴル帝国が元朝から明朝になったように、清朝が中華民国になったにすぎないのです。あの時は万里の長城の南だけが明で、北元が北に残っていました。中華民国という名前にあまり引きずられてはいけないのです。

なぜ孫文は袁世凱に地位を譲り、袁世凱は独裁に走るのか

中華民国で孫文が三民主義を宣言し、王朝も交替しました。しかし庶民の意識レベルで特別に何かが変わったわけではありません。庶民にとってみれば「へえー、何が起こっているのだろう」くらいのものです。国という意識がないのですから、中華民国なんて宣言したところで、当然、庶民には関係ありません。

その後、孫文は袁世凱に対して自分たちのグループである国民党を率いて、政治的に共和制にして、日本のように国会で論争するような方向に持っていこうと考えていました。イギリスの二党制のようにするということです。とりあえず大総統は袁世凱に譲っても、自分たちの地盤と人脈で選挙をすべしなどと言い出すわけです。地位を譲らないと戦争になり、戦争になれば軍隊の大きさが違うから孫文は絶対に負けてしまうので、とりあえず地位は譲っただけでした。

孫文は、袁世凱による一つの政党と、自分たちが率いる政党ということで、政党政治を考えていました。孫文はその前に、革命同盟会をつくるなど、いろいろ

なことをしています。それはつまり、調停役のようにバランスをとることを考えていたのです。軍を持っていなくても、人と人をマネージメントすること、そうしたことに孫文は自信があったと思います。そもそもが、そういうタイプの人です。基本の性格としてはフィクサーという存在です。ですから、袁世凱に大総統の位を密約して譲ったわけです。

中国史から見れば、この時は一番正しい選択です。なぜなら、無事に誰も死なず、清朝もなくなって中華民国ができたからです。

しかし袁世凱はこの後、国民党の顔である宋教仁《そうきょうじん》を暗殺してしまいます。これは、〝総選挙〟で国民党が第一党に選ばれ、宋教仁が国務総理に予定されていたからと言われています。最近になって、宋教仁を暗殺したのは彼をライバル視した孫文だったという説も出ていますが、ここでは深入りしないことにします。詳細は拙著『日本人が知らない満洲国の真実　封印された歴史と日本の貢献』（扶桑社新書）一五五頁参照。そもそも総選挙とは何かということが問題なのです。

総選挙は、一九一三年（大正二年）二月に実施とありますが、なにせ人口統計もなくて、総選挙の〝総〟はいったい誰の〝総〟なのでしょうか。ベースの人数もわかりません。どの土地なのかもわかりません。国民党の人数はとても少ないのです。そもそも文化人自身が少なくて、革命を起こした人数も少なくて、国民党員になった人たちだって少ないのです。国民党員として登録してお金を払った人だけに選挙権があったのでしょう。

アメリカの中国学者フェアバンクによると、国民党は一九二三年でも五万人です。「総選挙」とある瞬間に、何かおかしいなと思うべきで、いまの中国にも選挙はありません。つまり、中国は総選挙などやったことのない国なのです。

それでも、宋教仁が国民党の顔だったことは確かです。袁世凱が宋教仁を殺したのは、革命派がテロなどに走るからでした。彼らはやることが気に入らなかったら、お互いに殺し合うのです。だいたい資金獲得とか、どっちがどっちにつくとか勝手なことをして、後の軍閥の先駆けのようなことをしていたのです。袁世凱は宋教仁の言うような地方分権になったら、中華民国はたちまち分裂すると考えて、彼を排除したのです。

いずれにしろ、どちらも乱暴な話です。間違いなく袁世凱は独裁者です。彼は自分の思うような政治をしたかったのです。そうでなければ生き残れないからです。そうすると、孫文はたちまち今度は反革命というか、袁世凱を倒そうということになります。そこで中華民国からも追い払われて、また日本に亡命し、日本人に泣きつくことになるのです。

ですから、「中華民国ができた。もう国ができたのだから何ごとも安心である」かのように言うのは誤りです。袁世凱は日英仏独露との間に二千五百万ポンドの五国借款を成立させ、この金で武器を買い、軍隊を整え、議員を買収します。そして、一九一三年十月に議員の選挙によって正式な大総統に就任しました。

ところが、就任したらすぐに国民党を解散させて、国民党議員の資格を剝奪《はくだつ》し、大総統の権限を勝手にどんどん拡大させていきます。これが新約法です。そして、一九一四年に実質、世襲の大総統になりました。つまり、本当の独裁になったわけです。

それでも革命派たちがうるさかったので、袁世凱は新聞条例や出版法で言論弾圧を行ないました。そして、儒教を復活させ奨励しました。袁世凱は清朝の大臣で、漢籍の教育を受けた、李鴻章以来の古いほうの読書人の階級です。ですから、軍人ですがちゃんと儒教教育を受け、科挙を受け、古い文献も読めました。そうでなければ清朝の役人になんかなれません。

しかし近代化を望んだ人たちのほう、国民党の人々や孫文のほうは、いっさい儒教文献は読まない、漢籍の古い古典は無視している人たちなのです。袁世凱は李鴻章の地盤を受け継いだ李鴻章の一の子分ですから、軍閥で文人、そして一番の実力者で中国文明の継承者でもありました。

しかし、読書人であったがゆえに儒教を復活させたかったというわけではありません。国民党や孫文らはとんでもない跳ねっ返りで欧米にかぶれていましたが、自分たちは中国文明を継続させたい、そういう古い伝統を継承すると主張して、彼らを取り除くつもりだったのです。

もっとも岡田英弘が書いているように、儒教は信仰ではありません。あれは漢字の使い方をみんなで訓練しただけで、儒教文献を読むということは読書人だということの証明にすぎないのです。読書人グループが権力を取るか、近現代の外来の思想にかぶれたほうが権力を取るかの闘争だと思ったほうがいいのです。それが儒教というものの裏に隠れている話であって、袁世凱は権力を掌握するための道具として儒教を持ち出したにすぎないのです。

袁世凱は、それほど悪い人物ではない

さて、袁世凱はその後帝政を復活させ、帝位につきますが、皇帝になりたかったのは本人の野望というよりは、とにかく分裂の危機が迫っていたので、これはもう他に方法がないと思ったからです。まあ、よくわからないところですが、とにかく彼が皇帝を名乗ることには、列強よりも、実は彼の部下が反対したのです。

列強は袁世凱だけが交渉に足る人物だったので、ほめられたことではなかったけれども強くは反対しませんでした。ところが、部下は袁世凱が皇帝になったら、自分たちは将来いっさい芽が出ないわけです。家来のままで大総統になれなくなるから反対したのです。

大総統は一応、選挙で選ばれたことになります。そして、とにかくもう一度、皇帝のいる帝国になるのは反対だったのです。つまり、内部からの反対です。列強にとっては、袁世凱が交渉相手なのですから、別に彼が皇帝になろうがなるまいが悪いことは何もないのです。むしろ、彼のほうがちゃんと利権を保証してく

れるなら、皇帝になってもかまいませんでした。

ただ、皇帝が全部一人でするわけにはいきませんから、やはりこれはこれで大問題です。皇帝というのは、周りにきちんと有能な取り巻きがいてこその皇帝です。すべて自分で政治をするような皇帝だと大変です。だから、日本を含め諸外国は、せっかく共和制になったのにまた皇帝かとは思ったでしょう。それで列強も積極的にはどこも賛成はしなかったと言えます。別にわざわざ皇帝をつくらなくても、まだ清朝皇帝がいますし、社会主義運動が世界のブームとなって、みんな共和制に向かっているなか、あえて時代に逆行するのはどうかということもあり、あまり賛成はされませんでした。

結局、部下が反対したので袁世凱もあきらめます。彼は一度皇帝になりますが、八十数日で辞めています。そういう意味で、袁世凱は悲運のうちに一九一六年に亡くなりますが、果たして彼の政治に理想があったかどうかはわかりません。とりあえず、必死になってやっていただけでしょう。中華民国は有能な袁世凱がすべて一人でやりくりしていたので、結局は有能な人がいなくなった途端に四分五裂してしまうのです。

そして、彼が亡くなった翌年の一九一七年にロシア革命が起こります。一九〇五年の日露戦争の末期には、もうすでに革命が始まっていますから、袁世凱はロシア革命のような考えを知っていたとは思います。しかし、まさか自分が亡くなった後に中国が共産革命になるとは、さすがに彼も思っていなかったでしょう。まさか孫文ごときがと思うでしょうね。

袁世凱は日本からの二十一カ条要求を引き受けて、その後亡くなりました。袁世凱は外国から見れば交渉相手としては信用できたのです。

この時代が、庶民にとっては暗黒時代だったかのような書き方がされています。しかし、袁世凱を悪者にしているだけで、その後のほうが分裂してよほど暗黒だったのです。軍閥闘争の時代のほうが庶民はよほどひどい目にあっていると思います。袁世凱は外国から借款をとれるのですから、まだ一応ちゃんとしていました。

袁世凱にとっては、中華民国という国が外国から立派と思われようが思われまいが、それどころではなかったのです。国内の問題のほうが大きかったからです。日本人のようにヨーロッパ並みと思ってもらいたいとは思いません。そんなことは食っていくことには何も関係ないのです。つまり、日本人とはまったく違って外国の目なんか気にしない人たちでした。

ですから私も「中国の言うことを気にするな」としょっちゅう言っているのです。真面目に受け取る日本人は馬鹿みたいで、中国は日本人が言っていることも、全部ウソだとたぶん思っています。日本人が真面目に本当のことを言っているのに対しても、「自分たち（日本）に都合のいいことしか言っていないだろう」と、向こうは頭から思っているのです。日本がふっかけているに違いないとしか思っていないので、日本がどんなに本当のことを言っても、信用されないのだから意味がないのです。

ヨーロッパ人は現実主義者で、契約というかきっちり話をして最後まで詰めないと何ごとも進めない民族です。彼らは何かあったら責任を取らせるつもりで、相手の善意に期待しないでそういうものを取っておくのです。多くの異なった言葉を話す人たちが隣同士で住む社会の基本です。しかしそれが日本にはないのです。日本人も現実主義的な部分を育てないといけないと思います。

日本が二十一カ条の要求を出した当然の理由

第一次世界大戦中の一九一五年（大正四年）に、日本は対華二十一カ条の要求を出しました。そもそもなぜ日本が二十一カ条の要求をこの時に出したかというと、日本が日露戦争で勝ってロシアから引き継いだ権利、日本が満鉄を運営するとか、関東州に日本の租界を置くとか、そういうことは清国と結んだ条約でした。ですから、清を滅ぼした中華民国とは結んでいません。中華民国は清国が結んだ条約なんか自分たちは知らないと言うわけです。それで日本は何とか同じことを中華民国にも認めさせなければ、危なくて投資もできないので、二十一カ条の要求を中華民国に出したのです。

一九〇五年から一九一四年まで、日本は日露戦争後の十年、中国に投資してきました。それを継続して守ってくれなかったら、これ以上投資ができないということです。日本は本当に多額の投資をしたのです。

とくに満鉄には巨額の投資をしていて、山東省も日本の権益下に入れました。それは日本にとってプラスの投資です。しかし、旅順、大連、および南満洲鉄道の租借期限を九十九年延長してくれと言ったら、中国にロシアと契約した日からの九十九年とされます。ロシアが清から東清鉄道の敷設権と遼東半島南部の租借権を手に入れたのは一八九八年ですから、一九九七年まであるはずです。それなのに奉天《ほうてん》軍閥である張学良《ちょうがくりょう》は、一九二八年に父張作霖《さくりん》が爆死した後、一九二三年で終わりだと叫びました。つまり、国が変わった途端、もう期限が切れたと言われたのです。

条約を結ぶ際には実際に、中華民国側も日本の条件をずいぶんと減らしたり、いろいろ修正したりして結構もめました。南満洲と東モンゴル、後に満洲国になるところですが、ここで商業をするために土地を貸してくれないと商売ができないとか、自由に移住できるようにしてくれとか、鉱山を開発できないと鉄道が運営できないから鉱山の付設権を得たいとか、そういうことを一つずつ確認しています。つまり、日本が欧米並みに条件を付けないと危ないと思ったからです。

しかし、自分たちがこれから本気で投資するために二十一カ条を要求したのに、条約締結の四年後に起こった五・四運動で、これをけしからんと言い出したのです。満洲は中華民国なのだから、

対中国問題に関し会談をもった３党首。左から加藤高明憲政会総裁、原敬政友会総裁、（三浦観樹）、犬養毅国民党総理（『日本政治百年史』）

清朝との約束は無効だから全部置いて出ていけと言ったのです。あのものすごい投資をすべて置いていけという要求です。結局日本は第二次世界大戦の敗戦で全部置いて出てきたのですが、それが近代中国、現代中国の元になっています。

中国は「そんな条約は自分たちが生まれる前のものだ、前のやつが結んだのは知らない」と言って、本当に条約を反古にするのが当たり前の国なのです。国家意識などというものはない国です。そして、昔の古いものは自分たちに都合のいいところだけ利用します。それは、基本的に古いものを大事にする、尊敬するということではなくて、都合のいいところだけを抜き出すだけです。しかも、歴史も都合のいいように書き換えてしまいます。

なぜ二十一カ条の要求は、もめる原因になったのか

二十一カ条の要求を日本が出したのは、清朝と結んだ条約を中華民国に再確認させるためと、第一次世界大戦中にドイツの権益だった山東半島を日本が取ったことを認めさせるための両方の意味がありました。日露戦争の時に日本が獲得した利権にプラスして、ドイツから取ったものを付け加えたので、中華民国は「そ

れはけしからん」と紛糾したのです。

しかし結局、ドイツの権益は日本が引き継ぎました。日本とすれば進歩というか勝ちなのですが、確かにもめにもめて、火事場泥棒だとも言われました。

中国は、自分たちも第一次世界大戦に参戦したのだから、日本にそんな権利はないと言いました。最後の最後に中国は参戦しただけで、何もしていません。列強は日本の権利を認めました。この時、日本は列強の干渉は受けていません。

袁世凱がアメリカに内容を漏らすことによって日本は列強の干渉を受けたと書いている本もありますが、それもありません。列強はみな自分たちのことに忙しく、袁世凱が何を言ったところで、日本の権利は自分たちが中国に持っている権利と同じだから、手を出さなかったというか、出せなかったのです。結局、第五号の削除以外はどの国も文句もつけず、一九一五年（大正四年）の五月九日に中華民国は二十一カ条の要求を受諾しました。

日本が清国と結んでいたものを中華民国と結び直そうとしたのが二十一カ条の要求ですが、これを「要求」と言わせたのは、どうも中国のほうだと書いてあるのを見たことがあります。要求と言ってくれないと民衆を抑えられないし、袁世凱はライバルから叩き潰されては困るから要求にしてくれと言われたのでしょ言いそうです。

その頃、孫文は日本に亡命していました。一九一五年の三月、まだ二十一カ条要求で袁世凱と日本がもめていた時、孫文は日本の外務省に対して、日本の民間人と孫文が密約して調印した「中日盟約」というものを提示しました。どういうことが書いてあったかというと、共同作戦のため中国軍は日本軍と同じ武器、弾薬を用いる、中国軍や中国政府に主として日本人顧問を採用するなどの内容で、孫文は日本の民間人との間でこのような盟約を結んでいたのです。亡命しているのに、ひどいものです。

日本はこれに勇気づけられて希望条項（これが第五号）を提出します。希望条項を盛り込んだのは、孫文がもし自分に援助してくれたら、自分だったらそのような内容を引き受けると、先に言っていたからだと思います。とんでもない話でしょう。そして袁世凱が二十一カ条の要求を受諾した時には、孫文は日本にいながら、日本から帝政支持を取りつけるためだと言って、袁世凱を大いに非難したのです。

戦国時代に逆戻りした軍閥の乱立

袁世凱の死後、軍閥時代に突入します。日本を含めた列強諸国は、軍閥にいろいろと支援をします。日本は段祺瑞《だんきずい》、これは安徽《あんき》派です。欧米は直隷《ちよくれい》派を支援しました。

とにかく、この軍閥抗争は煮ても焼いても食えないものです。くっついたり離れたりを繰り返し、バッと二色には分かれないのがやっかいなのです。

日米対立の反映なんていうようなものではありません。軍閥のほうはとりあえず援助をくれる国ならどこでもいいのです。来年はまた別のところから援助をもらうというようなことが繰り返されます。軍閥は離合集散常ならずで、とにかく都合よくあっちと組みこっちと組みを繰り返します。『三国志演義』の世界というか、春秋戦国時代の世界というか、敵の敵は味方というようなことばかりしているのです。

これは袁世凱が亡くなった後に、自分が大総統を目指す戦国時代のようなものです。もう選挙などというのはあり得ません。実力は軍隊そのものになります。

こうした時代に、孫文は自分の軍隊を持っていなかったために、ソ連の援助を受けるのです。なるべくしてなるような流れです。とにかく大変な時代で、日本は間に入って軍閥に振りまわされました。あんな煮ても焼いても食えないような人たちに、日本人は振りまわされ続けたのです。

日本の支援を受けた段祺瑞についてですが、寺内正毅《まさたけ》内閣は、第一次大戦の好景気によって蓄積した日本の外資一億四千五百万円をすべて段祺瑞に渡したそうです。ほとんど担保もとらずに借款として渡しました。これを段祺瑞は軍備強化に用いたのですが、失脚して何の回収もできませんでした。こういったことに、日本はいつも同じように下手くそです。

いずれにしても、日本派の軍閥が一つにまとまっていると思うと間違います。張作霖は日本の権益のある満洲にいる軍閥なので、日本は仕方なく仲良くするしかありません。段祺瑞に対しては、袁世凱の後釜だから日本は入れ込むしかありません。南のほうは縁が薄いし、孫文はあてにならないしという感じです。ですから、日本派と言っても、段祺瑞と張作霖の間には何の関係もありませんし、日本はそれぞれに後押ししていたのです。つまり、張作霖と段祺瑞はともに日本派ではありますが、それぞれ援助を取りつけるために、個別に日本派だったということです。しかも、日本のほうでも関東軍や日本の外務省、さらには別々の政治家が関係していたので、おそらく日本でも対応が違っているはずです。

いまの中国の土地で考えてしまうと、全部中国なので一緒ではないかと思ってしまいがちですが、この地は万里の長城で切れています。中国人自身も意識としては、あそこの北は違う国と思っていますし、日本も別々に対応しているのです。

さて袁世凱の死後、戦国時代に逆戻りしたような状況になりましたが、辛亥革命で何が一番大きく変わったかというと、もともと清朝時代は中央がコントロールしていたので、地方の官僚、地方官は自分の出身地には絶対に赴任しませんでした。これを本籍回避《ほんせきかいひ》と言いますが、官僚になっても自分の本籍地には赴任できませんでした。同じ話し言葉の地に赴任させてもらえなかったのです。

ところが、辛亥革命で独立を宣言した途端に、各省の革命政府は、土地の者で

段祺瑞（1865～1936）

はないからと外省出身の官僚を全員追い出しました。政府が派遣した、もともと自分の土地の者ではない官僚、たとえば、安徽省だったら山東省の官僚を追い出すとか、四川省の官僚を追い出すとか、とにかくすべて追い出して、自分の省の出身者に置き換えたのです。ですから、体制がすっかり入れ替わったことは確かです。つまり、中央がコントロールしていた一つの国（清朝）から、中華民国とは名ばかりで完全な地方分権、統一のない時代になったと考えたほうがいいのです。本当に戦国時代です。

そういう世界ですから、たとえば宋教仁が袁世凱に暗殺される事件も、まさに戦国時代ならではです。袁世凱にとって孫文のほうがライバルのはずです。なぜ袁世凱は孫文ではなく宋教仁を暗殺したのでしょうか。孫文はまったく信用されていません。孫文よりも宋教仁のほうが本当の実力者でした。しかも、孫文と宋教仁は仲が悪くなっていましたから、殺すべきは宋教仁であると考えたのです。

宋教仁は自分で一所懸命に調べて中華民国の臨時約法、憲法の元をつくりました。これは省を単位とする地方重視の政治です。つまり、清朝と違って省を基礎として、現状そのままでいこうという考えです。アメリカ連邦政府のような形がいい、これが実状に合っているということで、放っておいてもそうなるわけです。言葉の同じ省ごとに軍隊もあり、そこに役人まで全部入れ替えて自分のところ出身の官僚にして、法律で対等に動かして、みなの権利を守っていこうと臨時約法をつくったのです。宋教仁は連邦制が中華民国であるという法律をつくったのです。つまり、宋教仁が本当の実力者だったために、袁世凱に暗殺されたのです。

革命辞さない大ボラ吹き孫文

孫文は宋教仁の考えをものすごく嫌いました。なぜなら、このまま連邦制にしてしまったら、自分の権力が減ってしまうからです。

そもそも孫文は日本に亡命した後、十回も革命をしようとしたのに全部失敗しているのですから、だんだん専制主義的になります。革命の同志に対して、自分の言うことに全部従えと言い出して、革命同志が彼を嫌い始めたのです。彼はただ外国で有名なだけで、しかも、辛亥革命の時もすぐ帰国せずにアメリカにいました。諸外国から金をとるという約束で出て行ったのに、一銭も外国の支援を取

1924年、夫人の宋慶齢を伴って、日本から船で天津に到着した孫文

れないで帰ってきたのです。ですから、実はスタートから中華民国自体お金はないし、孫文は口ばかりだと非難されていたのです。

　私は『歴史通』（ワック）でエッセイを書いていますが、孫文は革命の同志たちに「孫大炮《そんたいほう》」と言われていました。日本語ですと石偏の大砲で、中国語だと火偏ですが、「大炮」という、大ボラ吹きというあだ名を付けられていました。大きいことをドンとぶっ放して、口ばかりで何も実がない。日本からたくさん援助をもらっているのに、革命はすべて失敗する。言っていることは大きなことばかりで実が伴わない。しかも、同志に対しては専制的に振る舞う。自分の力で何とかする、軍事で何とかすると執着する。これは孫文が死ぬまで変わりません。

　孫文は秘密結社を使って自分の権力を伸ばして格好良くやることに固執していました。毛沢東も同じですが、孫文もものすごく軍が好きで、自分が命令して軍を動かしたいという人でした。けれども、先ほど話したように、そもそもハワイの英語教育でスタートしている人です。それもイギリスやアメリカの医療を勉強している医者です。中国内部のことは何も知らないし、漢文も読みません。外国を転々と渡り歩いて、革命運動に失敗しては日本に逃げ込んでということを繰り返した人物です。

第二革命で逃げ込んできた時は、日本ももう出て行ってくれ、アメリカへ帰ってくれと言ったくらいです。それでも彼は日本にいて、その間に財閥の援助を受け、日本人が間に入って宋慶齢《そうけいれい》と結婚します。こんな情けない人物なのに、みんな孫文を持ち上げすぎなのです。

共産党がつくり上げた五・四運動の実態

対華二十一カ条の要求に対する抗議とされる一九一九年（大正八年）の五・四運動の話をしましょう。運動の担い手だった学生は古典の漢文を勉強しておらず、日本人が訳した新しい近代化の本しか読んでいないので、儒教の文献など知りませんでした。儒教を理解していないのです。

これに対して、康有為も袁世凱も李鴻章も、科挙の試験を受けて古い時代の儒教を勉強しています。科挙官僚を目指していた人は、一度やめた人でもだいたい古典の儒教の文献を自分たちの基礎知識としています。先ほど説明したように、別に儒教を信仰しているわけではなくて、その語彙で暮らしているだけですが。とにかく、イデオロギーとか思想とか、そんなものではないのです。しかし、古典の文献を読む人と近代化の本を読む人と、この時代に言葉の語彙が二通りになります。つまり、中国はここで時代が断絶したわけです。これ以前とこれ以後では、まったく同じ文明とは言えないと考えるとわかりやすいと思います。ただ、そういう説明をした本が、日本人もおそらく理解していないのか、存在しないというのが現状です。

日本で流布している、大変に左翼的な岩波新書の『中国近現代史』などでは、「五・四運動はやがて学生から労働者階級へ波及する」と説明されますが、それも間違っています。

まだこの時期、民間の工場もなく、そのもとでの労働者などいません。五・四運動は五・四運動のままです。その後、全国的に運動が広がったように言っていますが、労働者階級と謳《うた》うところが共産主義（思想）なのです。共産主義運動というイデオロギーを広めるために、コミンテルンは必死になって労働者階級をつくろうとしましたが、中国にある工場は全部外資の工場です。そこで働いている人たちの階級意識といっても、中国全土から考えたら何パーセントなのでしょうか。ほんのひと握り、一パーセントかそのくらいです。それを労働者層と考えられるかというと疑問です。

小ブルジョワジーの労働者層というのは、いったいどこに住んでいるどんな人のことを指しているのでしょうか。労働者層に小ブルジョワジーをつくるのは、そうしないと共産主義革命にならないからです。つまり、後から意図的につくり出したわけです。

そもそも中国を見ると、階級としての小ブルジョワジーなどどこにもいません。金持ちというのは、ものすごい金持ちだけで、宋一族などしかいません。中国の革命というのは、すべて秘密結社の荒っぽい連中が動いているのですから、それをブルジョワジーと呼ぶにはあまりにも真相からかけ離れすぎています。

中国では人間関係は相変わらず一族で動きます。一族の一番偉い家長が決めると、その下の若い連中が従って動くという社会です。そんな社会でブルジョワジー階級などどこにいるのかということです。少なくとも労働者階級など存在しませんし、しかも全国的な組織などあり得ないのです。軍閥はいますが、軍閥にいる人たちが横に連携するわけでもありません。

「二十一カ条の要求は、民衆レベルで日本と中国の間に決定的な溝をつくり出した」などということも、後になってそういうことにしたのです。この時からもう溝ができたと中国が言い出して、戦後の日本もそのつくられた歴史を受け入れていったという順番です。

いまの中国は五月九日を「国恥記念日」としていますが、二十一カ条の要求が出された時点で彼らが怒って、この日を記念日にしたということではありません。これもあくまで後からつくられたものです。記念日など、だいたい後からつくられるものなのです。

現在の中国史で五・四運動が大きく扱われているのは、教科書などで大きく扱っているからにすぎません。中国史を正直に書くなら、後でそう決めたと書かなければいけません。

五・四運動は二十一カ条要求を利用したコミンテルンの陰謀だった

五・四運動は民衆運動だったということになっています。千人の大学生から始まって、さらに三千人くらいになり民衆運動となったと言われています。労働者階級がはじめて政治の舞台に登場したとも言われます。しかし、まだ五・四運動には労働者は参加していません。また、この運動を経過することで反帝国主義、反封建主義という中国革命の課題が明確になったとされますが、これはどうかと私は思います。

一九一九年（大正八年）の五・四運動は、四年も前の二十一カ条要求を抗議運動の目玉にしました。これはコミンテルンの示唆です。彼らが上手く利用したのです。なぜなら二十一カ条の要求が結ばれた時は、袁世凱は日本から借款をもらっていて、それを受け入れたからです。しかも、もともとの条約の継続です。五・四運動は中華民国始まって以来の民族運動などではありませんでした。もちろん日本に留学していた中国人学生は、二十一カ条の要求を「そんなものはけしからん」と文句を言いましたし、だんだんとそういう感情が起きてきてはいました。

中国沿岸、満洲でもやはり文句が出始めています。ちょっと知識のある人たちが、この二十一カ条要求というのはけしからんというのはあったらしいのですが、中華民国始まって以来というような言い方はできません。民族運動なんて、まだ無理なのです。

二十一カ条のなかの第五号は希望条項で、日本人の政治・財政・軍事顧問、日本人警察を駐留するなどでしたが、すべて却下されました。希望ですから、日本は交渉で言ってみただけで、ダメと言われて、まあ、しようがないかということで引き下がったのです。

列強からの干渉はありません。イギリスとフランスは日本を怒らせたくなかったから何も言いませんでした。アメリカも自分だけでは干渉したくなかったので、周りの顔を見ていました。確かに袁世凱がアメリカにこれを漏らして列強の干渉を誘ったのは本当かもしれないですが、袁世凱の希望通りにはまったくいかずに、誰も干渉してくれなかったのです。それよりも日本は、中国人は嫌だなと感じたはずです。秘密だと言ったことも漏らしたのですから。

五・四運動の指導者の一人に陳独秀《ちんどくしゅう》がいます。彼は知識人で、日本に留学していた人物です。日本でマルクス主義、社会主義にかぶれて、これはいいと思って帰国しました。そして北京大学に呼ばれて先生になります。彼は中国共産党の初代総書記となりました。つまり、毛沢東より偉いのです。

陳独秀は日本でマルクス主義を勉強したので、日本語から入った人です。ロシア語をそのまま読めるわけもありませんし、知識人と呼ばれる人です。しかし、読書人ではありません。先ほども言いましたが、読書人、書を読む人というのは、古典の漢籍を読む人のことで、外国や日本で何か新しいことを勉強して帰った人は、知識人か文化人といって、はっきり分かれます。つまり知識人とは、新しい思想にかぶれた人たちなのです。

陳独秀はそうした知識にかぶれて『新青年』という雑誌を出していましたが、軍閥のような後ろ盾の軍隊を持っていませんでした。そのため、その後ソ連と組むことになります。

私は岡田英弘とも相談して、五・四運動はどこが金を出したかを調べたのですが、はじめはロシア革命派とコミンテルンだと思っていました。しかし、実際はアメリカ労働組合も、陳独秀などに金を出していたのです。

当時、ソ連がアメリカに頼ったことは大変なものです。ロシア革命で反革命派のロシア人がどっとアメリカに逃げ込んでいました。アメリカというのは、赤も反赤も、つまり革命派と反革命派どちらもある国です。『新青年』で紹介されたのは、ロシア革命を支えたレーニン流のマルクス主義でした。その情報源は、すでに日本では厳しい言論統制が敷かれていましたから、日本に代わって欧米、とくに多くのロシア系移民が亡命して行ったアメリカだったのです。

『ラストエンペラーと近代中国―中国の歴史10』にはこうあります。「この結果、中国のマルクス主義は当初から際立った国際性を帯びた」。

国際性などと褒めているのですが、陳独秀が出していた『新青年』という雑誌は、ほとんどソビエト直輸入、ロシア語の簡訳本じゃないかというくらいに、陳独秀はマルクス主義に入れ込んだのです。それ以前に、陳独秀自身が最初有名になったのは、本当の文化人として近代化を唱えたからです。しかし、バックボーンがないために、北京大学を辞めた後は完全なマルクス主義者になって、共産党をつくるのです。もちろんコミンテルンが接触して援助を申し出たのは言うまでもありません。

五・四運動の活動の中心は北京大学の大学生でした。当時、陳独秀は北京大学の教授（文科学長）です。五・四運動の理由は、第一次世界大戦後のパリ講和会議の情報が入ったことによります。その前の一九一七年のロシア革命（後でロシア革命の話をしないといけませんが）で、ボルシェビキの革命派は、帝政ロシアが中国と結んだ条約を全部なかったことにすると発表し、日露戦争後に日本と結んだ密約もばらしてしまいます。

そしてロシアは中国に対して、自分たちと一緒にやっていきましょう、ロシアは中国の味方ですと言ったので（全部ウソなのですが）、中国の学生が共鳴していきます。なぜなら日本は二十一カ条の要求を突き付けたではないか、日本は悪いと、「二十一カ条要求反対」をスローガンに掲げたのです。つまり、ロシア革命の後、日本を敵視させる政策、中国と日本を対立させる政策をロシアの革命派は選んだわけです。ロシアが中国に食い込むために煽《あお》ったのが五・四運動の正体なのです。私は、五・四運動は完全にコミンテルンが指導した陰謀だと思っています。

この後ずっとコミンテルンの陰謀は続きますが、五・四運動はそのスタートだと言っていいでしょう。なぜなら、整然と学生運動ができるような土台は、それ以前の中国にはなかったからです。考えてみると、一九一九年の三月にコミンテルンができて、五月四日には五・四運動が起こっています。しかも五・四運動のスローガンが四年前の二十一カ条の要求に反対するものです。なぜ二十一カ条を持ち出したかというと、これが一番目立ってよかったからです。

しかし、多くの本は二十一カ条要求が五・四運動の直接の原因と書いてあり、まるで同年にあったように思わせられます。コミンテルンと五・四運動の関係は、中国の歴史にはいっさい書かれていません。

ナショナリズムの始まりもつくられたウソにすぎない

譚璐美《たんろみ》さんという日本で活動している作家がいます。彼女は客家出身で革命運動をした人物の孫娘のようですが、彼女も二十一カ条の要求があったのですぐに五・四運動が起こったと書いています。彼女の『阿片《アヘン》の中国史』（新潮新書）は面白かったのですが、やはり歴史的な認識はおかしいのです。日本が悪かったという論調に引きずられています。日本を悪くすれば便利ですし、中国側の変なことを飛ばして書くと、説明がすんなりいくからです。

マルクス主義の歴史というのは、善悪二元論と同じで、基本的にわかりやすい説明が目的です。二つに分けて対立という構造をつくるのが特徴で、搾取と被搾取、資本家と労働者階級と、とにかく結論ありきで語られます。本気で歴史的事実を探すつもりはまったくなく、自分たちに都合のいい結論にするために、いい部分だけ選んで並べるのです。

現在の中華人民共和国では、五・四運動を中国の近代化のスタートと位置付けています。ナショナリズムのスタートは五・四運動だということを、はっきり教育しています。それ以前にナショナリズムはないことになっています。ですから、一九八九年六月四日に起きた天安門事件の時は、五月四日を避けて一カ月後に軍隊を入れたのです。つまり、五月四日に軍隊を入れたら、中華人民共和国にとって中国のスタートを潰したことになってまずい。逆に当時の学生はそれを知っていて五月四日に集まったのです。

一九一九年が中国ナショナリズムの開始だというのは、共産党がつくった歴史です。だとすると、康有為などは実際には意外とナショナリズムのスタートかもしれないと感じます。それは解釈次第でしょう。

前に言った半植民地化の始まりをアヘン戦争とし、五・四運動に急に飛ぶと考えると、やはりおかしいです。要するに、都合の悪かったことはなかったことにして、都合のいいところだけつなげて歴史をつくっているという感じがものすごくします。日清戦争をあまり大きく見せないために、康有為を小さくするとか、そういった作為があるような気がしてなりません。日本の近現代史の歴史家が、そうしたウソをそのまま教科書にしたりするから変になるのです。理屈が合わなくなってしまいます。ですから、中国人が言っていることが変だというふうに気がつかないといけない。これは大変なことなのです。

この本を書くために中国近現代史の概説書を全部読み直しましたが、中国史を研究している、こんなに頭のいい先生でもやはりダメかというのがいろいろありました。すごく優秀な人たちなのですが、やはり、歴史をそういうふうにしか見られないのかという残念な部分が多いですね。

民族自決はアメリカが中国から利益を得るための罠

五・四運動の後、アジアに民族運動が広がりました。

韓国ではその前に三・一運動が起こりました。これはロシア革命の影響もありますが、それ以上にアメリカのウィルソン大統領が「民族自決」を言ったために起こった運動です。アメリカはいつもダブル・スタンダードでずる賢く、大言壮語なら中国といい勝負です。ですから、中国とロシアとアメリカは本当に似ていて、勝手に言いたい放題に言っては責任をとらない国です。

ウィルソンが民族自決と言ったのは、そもそもソ連に当てつけたかったのです。ロシア革命で東ヨーロッパがソ連に入ってしまうことを恐れて民族の自決をうながし、ソ連を叩きたかったのです。アジアの民族運動のことなど何も考えていません。その証拠に、アメリカはフィリピンをものすごく締め付けています。

それなのに、アメリカ人が民族自決と言ったということに煽られて、他の国は「アメリカが味方してくれる。後ろに付いてくれる」と思ったのです。むろん陳独秀や五・四運動も含めてです。韓国もアメリカが味方してくれると思って、運動が広がりました。しかし、アメリカは自分の利権であるフィリピンに対しては締め付けを行なっているというのが実状でした。

第28代米大統領ウッドロウ・ウィルソン（1856〜1924）

アメリカはまだ中国にまったく利権がなかったので、中国に対してだけ「門戸開放」「民族自決」と煽るわけです。本当に悪いやつらです。アメリカはフィリピンから中国を狙っていたので、中国に対して「民族自決」を叫べば、ライバルのソ連や日本は困り、自分たちは都合がよくなります。

そもそも中国共産党も、ペンと剣で政権

を奪取したのです。国際政治というのは、こんなことをずっとしているのです。ちなみに、三・一運動というのは朝鮮全土に広がった独立運動ですが、死者は五百人以下、逮捕送検が一万二千人で、三千人が不起訴により釈放されました。六千人が起訴されましたが、結局一人も死刑になっていません。反日運動で、要するに併合に反対した抗議行動だったわけですが、戦後になって大きく取り扱われるようになったのです。

中国にはもともとイデオロギーなど存在しない

ロシア革命後、コミンテルンからは極東支部のヴォイチンスキーやマーリンというような人物が中国にやって来て、共産主義革命を起こそうとしました。彼らは中国で革命を起こすような組織を探しますが見つからないので、仕方なく国民党に行ったくらいです。つまり、中国には期待していたような階級が見つからなかったのです。

そもそも文字が読める人間もひと握りですし、オルグ（オルガナイズ、またはオルガナイザーの略で、左派の組織をつくったり拡大すること）もできません。それなら戦う兵士になれるような人を、といっても秘密結社か軍閥しかないのです。しかも、それが一緒ではなくバラバラです。ですから、ソ連は中国になかなか手を出せませんでした。中国は、共産主義革命をするにも、まったく遅れた社会だったのです。

もしこれが日本だったら、すでに明治以来、お金をもらう労働者ができていますから階級があります。だから、日本はコミンテルンが入ってこないように厳しく止めました。それでも社会主義運動が都市で広がっていきました。

つまり、社会主義運動は、都市民とか、ある程度同じような暮らし方をしているというような層がないとダメなのです。ところが、中国にはそういう階層がありません。家族単位だし、村単位だし、とにかく遅れた社会なのです。

そう考えるとよくわかるのですが、社会主義運動というものが日本とはまったく違います。中国では、たとえば土地をみんなのものにしようという運動をするために農村に行くと、本当に知識も何にもない農民がいて、自分たちで土地を略奪して滅茶苦茶にしてしまいます。

少し後の話になりますが、毛沢東の頃、共産党が始まった頃も同じです。共産主義活動が農村に入ると、農村自体が無法地帯になってしまうので何も収穫できず、今度は共産党員の食い扶持《ぶち》である食糧もなくなってしまいます。つまり、社会主義革命でも何にも発展しないのです。中国では運動をして発展するようなものはないのです。ちょっとでも煽ろうものなら、もうとんでもない暴動になります。五・四運動以後、何があっても暴動ということで、ここから現代中国史が始まるのです。

共産党員が農村に入って共産主義運動を始めます。そうすると各農民がいろいろなふうに勝手に解釈して、中央のコントロールがすぐに利かなくなります。すると国民党も共産党も、自分たちの軍隊を維持するための人間と食べ物は農村に依っていますから、本当に困ることになる。すぐに無秩序になって、農民があたり構わず人を殺したりものを盗ったりするようになります。

前出した菊池氏の本には、「中国の鬱屈《うっくつ》したものがそこで爆発する」などと上手に書いていますが、そうではありません。本当のアナーキーになったら、共産党員も国民党員も農民も殺されるのです。個人的にもうどうでもよくなって、それこそ秩序なしの状態になるのです。

そもそもきちんとした文化があって、それなりの秩序があったところに共産主義が入ってくれれば、上を転覆させましょうとか、下が一緒に動くとかあるでしょうが、文化がないところにちょっと火をつけると、バーンと爆発してしまうのです。

　現代の中国も共産主義と言っていますが、誰もその言葉の中身通りに実行したことなどありません。共産もなければ民主もないのです。ですから、いまの中国で反共産党的な運動が起こるかといえば、どのような言葉を持ってきても誰も信用しません。

　仮にいまの中国にきちんとしたものがあったとしたら、それが嫌だというのだったら反対のイデオロギーをもってくればいいのですが、そもそもイデオロギーを無視して動いている国です。共産主義というイデオロギーありきで動いているわけではなくて、勝手に共産主義と名前を付けているだけなのです。

　いまの状態を変えたいという時に、イデオロギーが役に立つとは思えません。ここの理解が難しいと思いますので、少し具体的なことを言いますと、ロシア革命が起こってコミンテルンが入ってきた時、他から金が取れなかった孫文はコミンテルンとくっついて、その金で動くようになります。なぜなら、それまで日本からもらっていた金は、もう日本があきれて出さなくなったからです。三民主義も何もあったものではありません。

一方、軍閥は自分たちの軍隊を持っていて、地盤があって土地があって農民がいるから、悪い政治といえども、それでも日本の封建領主のように自分の基盤を守ることはしました。それが孫文にはありませんでした。そのため彼は外国と組むしかなかったのです。外国に上手に言ってお金をもらうことで生き延びていましたから、大言壮語を吐くしかなかった。

それでも、とうとう全部ダメになったところにコミンテルンがきたのです。だから、思想に賛成したとか、そんなカッコいいものではないのです。結局はお金です。毛沢東にしても結局、コミンテルンの金でのし上がっただけで、金が自分のところだけにくるように同士討ちもします。毛沢東がなぜのし上がったかというと、コミンテルンと上手くやっているモスクワ帰りの人間を全部殺したからなのです。

いまの中国に話を戻しますが、何が問題かというと、結局は、武力が強くて最後に勝ち残った人間が民主主義だということにしよう、これを共産主義ということにしようといったことで出来上がった社会なのです。けっしてはじめに立派な思想ありきではないのです。天命の正統と考え方は同じです。勝ったら天命がこちらにあったと言うのと同じなのです。つまり、天命がある俺が本当の皇帝だというわけです。昔から農民革命はみんなそうで、勝って王朝をつくった段階で天命が降りたと言うのです。

イデオロギーではないとすると、結局は軍事力ということになります。尖閣《せんかく》諸島の問題にしても、尖閣諸島はもともと中国である、かくかくしかじかの理由で、と理由が後からつくのです。それは勝ち取ってしまえば正しいと思っているから平気です。だから、ウソは平気で、それが通ればいいだけなのです。

日本人は自分たちの行動パターンと照らし合わせて考えて、つい中国にイデオロギーのような主張があると思ってしまいます。こんな中国に対しても一所懸命に考えるのです。相手がどういう理由で言っているのかと考えすぎてしまいます。

でも中国は『水滸伝』の世界を考えたほうがわかりやすいかもしれません。要するに、義兄弟と仲良くするというような、自分と組む人間だけで天下を取ろうぜ、それで山分けしようぜという世界です。言葉が通じないやつらは蹴飛《けと》ばしたり踏みにじったり、自分の役に立つ人間とは上手くやって、連絡を取って仲良くする。仲良くする人間は十数人とか百人くらいでいいのです。それでこの世の中を治めようというような考え方です。

そして見た目がきれいな言葉とか、ちょっときれいな外側とかを装って、外国のどこかの国と仲良くするだけです。そうすると一見、服が変わっているので近代的に見えます。けれども、精神としては『水滸伝』と全然変わっていないのです。いまの中国もそれで動いています。

おかだれいこさんの『新聞に出なかった中国』（鎌倉書房）にはこんな話があります。

マルクス・レーニン主義や毛沢東語録で生きていたあの時代、外国人記者がその辺にいる農民のおじいさんに「マルクス・レーニン主義は知っているか」と聞いたら、「ああ、知ってる、知ってる」と答えました。そこで記者は、教育が行き届いていると感じました。マルクス・レーニン主義は中国語で〝馬列主義〟と書くのですが、これはどういう意味かとおじいさんに記者が聞いたら、「いやあ、馬が列をつくって行くっていう話だろう」と答えました。それで外国人記者は「いやあ、面白いぞ」と思いながら帰って行きました。今度は役人がおじいさんのところに行って、「お前、今外国人記者と何をしゃべっていたのだ」と聞いたら、おじいさんが「馬列主義についてしゃべった」と答えました。それで役人も、おじいさんが何を話したかは問題にせず、よかったよかったとなりました。

まあ、この話はどこまで本当かわからないですが、中国に対してはそれくらいの理解でいいのです。マルクス主義でも、共産主義でも、民主主義でも、名前を知っているということでＯＫなのです。昔は儒教の言葉を知っていたら科挙官僚になれましたが、中華人民共和国になった後は、毛沢東全集の言葉さえ言えば捕まらないで、ＯＫなのです。それでみんな一所懸命に暗記したのです。

中国ではロシア革命さえも消し去られる

日本人であれば、中国史上でロシア革命というのは大きな扱いになると思うはずです。日本人は起源を大事にする民族ですから、五・四運動はロシア革命の影響が大きく、社会主義革命を起こしたロシアを、毛沢東は同じイデオロギーを持つ同志として大きく取り上げるはずだと思うに違いありません。

日本人は本当のことを大事にするし、歴史を重んじます。古い起源を最初から書いたほうがいい、これが始まったのはどこで何年前のことである、こういったことをすごく大事にするのです。日本人なら、毛沢東が中華人民共和国をつくった原点はロシア革命にありというふうに書くはずです。

ロシアが革命を起こしてコミンテルンが中国に入ってこなければ、国民党も成功しないし共産党もできません。この革命は、中国にとっては先生のようなものです。欧米の近代化を取り入れて、中国に文化人、知識人を生み出したのは明治の日本です。そして、軍隊という、ものすごく統制のとれた組織を生み出したのはソ連の革命です。言ってみれば両方先生なのです。

しかし、中国人に聞いたらわかりますが、おそらくそうは習っていないと思います。知っていても、マルクスとレーニンくらいでしょう。馬列主義のマルクスとして。結局、毛沢東もイデオロギーなど、実はどうでもよかったのです。その証拠に、すぐに修正主義と言ってソ連を批判するではないですか。

そして、スターリンとも仲が悪くなります。毛沢東がなぜ権力を握ったかというと、低い地位の兵士たちに、古い中国の歴史から持ってきた単純な逸話を語ったり、ちょっとした警句を使ったりしてしゃべることが上手だったからです。

彼は一度も留学したことがない人で、外国を知らないのですが、中国の本が好きだったので、それこそ『水滸伝』と『三国志演義』を読み込んで、そのなかの逸話を話すと中国人はもう彼のことが大好きになったと言います。つまり、毛沢東は、外国の歴史などを口にしても、中国人に対して無駄だということがわかっていたのです。

あやしい共産党の誕生と毛沢東の登場

五・四運動の時点では、まだ毛沢東や周恩来《しゅうおんらい》、鄧小平らは登場しません。もしそのような記述があるのなら、いかにも関係があるように書いているだけです。五・四運動を述べた文章のすぐ下に、毛沢東について続けて書いたりといったように都合よく結び付けてしまいます。五・四運動の主役は、完全に陳独秀と李大《りだい》釗《しょう》です。北京大学の先生たちと学生たちの運動です。毛沢東らは無関係です。

1919年頃の毛沢東

ただ、毛沢東は北京に行って陳独秀に会ったことがあります。北京大学の図書館の補助員か何かをして、陳独秀の『新青年』に論文を二つ出しています。「国語問題」についてと「女子問題」についてです。毛沢東と陳独秀はそれだけの関係です。それを五・四運動の話にくっつけると、いかにもつながりがあるように見えるわけです。そもそも毛沢東は湖南省の出身で、方言しかしゃべれないのに、北京に来て何かしゃべってもひと言も通じなかったと思います。

中国共産党の発足は一九一九年（大正八年）の五・四運動の後です。実は毛沢東が参加したと言われる第一回党大会も、腑《ふ》に落ちないことがいろいろあります。本当はその前に共産党はできていますが、毛沢東は参加していません。それが本当の共産党のスタートです。陳独秀と李大釗が共産党を結成していますから、共産党は陳独秀からなのです。毛沢東が党大会に参加したのは本当は二回目からでした。しかも、その時は下っ端で、口も利かないで大人しくしていたようです。

一九一七年のロシア革命の後、一九一九年三月に世界革命運動の指導組織として結成されたコミンテルンが、当初からアジアにおける革命におおいに関心を示して、シベリアに極東支局を設立しました。一九二〇年にコミンテルン極東部長ヴォイチンスキーがザルヒンの仮名で中国を訪れ、三月にまず五・四運動の指導者の一人である李大釗に北京で会っています。そして、五月には上海で陳独秀に会っています。それで中国共産党を設立させたのです。

ところが、いまの中華人民共和国の公式の歴史では、これを上海共産党小組、要するに共産党結成の前段階にしています。五・四運動の後の発足は本当の共産党ではないと言うわけです。

実際はこの時に、全土にものすごくたくさんの共産党組織ができて、自分こそがモスクワとつながろうという意識が生まれていました。一万もの組織が生まれたという説もあるくらいです。それで組織同士が互いに競争します。しかし、コミンテルンの大会に行けなかったり、互いに足を引っ張りあったりして、結局、いまの中国の公式の歴史では、一九二一年七月の会議が第一回党大会ということになっています。しかし、これには陳独秀も李大釗も参加していませんし、党規約も採択していません。とにかくあやしいのです。

この時は、オランダ人の共産主義者で、レーニンに気に入られてモスクワのコミンテルン代表として中国に派遣されたマーリンという人物が暗躍します。このマーリンともう一人のコミンテルン代表が党大会を開かせようとやって来ますが、この時の中国共産党員はたった五十七人でした。そのうちの十三人だけが出席と、実にお粗末なものです。ユン・チアン著『マオ』によると、毛沢東は上海までの交通費として教師の年俸の二倍近い額の二百元をモスクワからもらっています。

大会はフランス租界にある民家で開催されました。七月二十三日から三十日まで、みんなでそこにいました。三十日になって会議に部外者がまぎれ込んでいることがわかり、マーリンは、共産党活動に目を光らせていた租界警察のスパイを疑って、会議の解散を命じます。そこで、会議に参加していた中国人代表たちは上海郊外の小さな町に移動し、湖に船を浮かべて誰も近づかないようにして、湖の上で会議を続けます。

しかし、マーリンとは別のもう一人のコミンテルン代表は、湖上の会議には参加していません。中国共産党の成立は宣言されたものの、宣言書も党規約も何も採決されないままに終わります。これを会議と呼んでいいものでしょうか。

これがいまの中国での共産党のスタートだということになっています。なぜなら、この会議には毛沢東が参加したからです。中国の歴史というのは、そういうものなのです。毛沢東の都合のいいように書かれているということです。とにかく何も信用できません。

マーリンは毛沢東と関係があるので、彼の名前が出てきます。彼の名が有名なのはそのせいです。毛沢東はこの後ずっとモスクワからお金をもらっています。

本来なら彼はロシアに足を向けて寝られないはずです。しかし、そうは考えないところが中国人なのです。

共産党、国民党、軍閥は力関係で動くだけの集団

一方、日本にとっては、反日の暴動を起こした五・四運動そのものが脅威だったのではなくて、五・四運動を始まりとしたコミンテルンの策謀が本当の脅威でした。コミンテルンはお金を出して、日本やイギリスの工場などあちらこちらで暴動を起こさせました。

とにかく、コミンテルンが金をばらまいて、ボイコット運動だの反日運動だのと争乱を起こすのですから、日本にとっては大変な脅威です。しかもそれが、一回の五・四運動ではなく、その後もすべてコミンテルンが関係してずっと続きます。五・四運動は、そのスタートだったのです。

中国の歴史では、五・四運動が中国人にとってのナショナリズムのスタートとなっているのですが、本当はおかしいのです。前から言っているように、では康有為の改革はナショナリズムではなかったのか、日清戦争の後はどうするか、そ

ういう史実をすべてなしにしてしまって、日本から学んだことは何もないことにしてしまいました。

そういう意味で、五・四運動をスタートだと言っているのです。つまり、ここからが社会主義のスタートだというわけです。清朝の時代に何か近代化運動があったらまずいので、社会主義の前にナショナリズムはないことにしているのです。

ロシアというのはひどい国ですが、しかし、アメリカも他人の国に来て同じことをしています。そう考えればいい勝負です。列強が争乱を起こしにこの地に来たわけで、ロシアはモンゴルと新疆とチベットと満洲などをすべて狙っていたし、だからイギリスがそれを抑えました。

結果的には、日露戦争がなかったら満洲は完全にロシアのものになっていました。

ところが、結局、日本が大東亜戦争（太平洋戦争）でアメリカに負けて、アメリカが変な介入をしたせいで、全部が中国になってしまったのです。ソ連にしてみたら全部自分の領土にしたかったはずです。

この当時の中国は、共産党も国民党も、みなちゃんとした組織ではないのです。各地に軍閥があり、将軍が割拠するだけで中央組織はなく、それをなんとか中央に引き戻そうとしたのが袁世凱でした。そして、袁世凱が死んだ途端にまた分裂して、昨日の敵は今日の友というように、お互いにくんずほぐれつの闘争を始めます。

ですから、日本派の軍閥がどこにいたとか、そんな単純な話ではありません。何月何日にどの軍閥が手を組んだとか、離れたとか、あるいは日本についたとか、他国についたとか、はたまたあっちの味方をするとか、こっちの味方をするとか、二股《ふたまた》をかけて日替わり弁当のようにコロコロ変わっていきます。日本をはじめとする列強は翻弄《ほんろう》されたと言ったほうがいいかもしれません。

段祺瑞や張作霖が日本派というのも、まったく違います。日本は日露戦争の後の利害関係があまりにもたくさんありました。邦人保護はしないといけないし、日本のなかでもいろいろな政治家たちの利害関係もありました。しかも、中国からは日本にどんどん人が来て、「俺に金を出せ」「こっちにつけ」と言ってきます。

面白いのは、段祺瑞はまだ袁世凱が生きている間に、すでに袁世凱と対立していたことです。段祺瑞は袁世凱の後釜なのですが、全然仲良くなかったのです。

袁世凱は親米的でアメリカと上手くやっていきたくて、アメリカ人の法律顧問のグッドナーという人をそばに付け、彼が袁世凱に皇帝になれと言ったといいます。アメリカは自分のところは共和制のくせに、袁世凱が皇帝になったほうがこの国は上手くいくと言って、アメリカの利権を拡大しようとしたのです。それで袁世凱は、皇帝になれば列強が喜ぶからと思って、帝政支持を取りつけるために第一次世界大戦に参戦する宣言をしたのです。これは完全にアメリカの口車に乗せられた形です。

しかし、実際に参戦する時には袁世凱は死んでいて、段祺瑞が参戦します。とはいえ、中国は最後の最後に参戦しただけで、何もしていません。「連合軍の側につきます」と名乗りを上げただけです。しかも、名乗りを上げただけなのに、段祺瑞は戦勝国だからと言って、日本が戦って取ったドイツの山東半島の利権は全部中国に返せと言ったのです。

奉天軍閥の張作霖は、日本史では有名ですが、中国史ではただの軍閥の一人にすぎません。ただし、いまの中国史は日本を仇《かたき》のようにしますから、取られた満洲をなんとかとりつくろうためには、張作霖を持ち上げないといけません。

そういう意味では、いまも中国では張作霖はそこそこ評価されていると思います。しかし、息子の張学良のほうがもっと有名です。彼らはもともと祖先が万里の長城の南の出身で、満洲人でもありません。モンゴルの新開地に入植した漢族地主から保険隊に雇われて、蓄財しました。張作霖は文字も読めないのに軍閥になったのですから、それなりに評価されているでしょう。

張作霖（1875〜1928）

軍閥は皆、最後まで社会主義が嫌いだったと私は思います。コミンテルンに寝返った孫文だけが悪いやつなのです。孫文は主義なくしてソ連と組んだおかげで勝てたのですが、普通の軍閥はそれぞれ自分の地域のやり方があって、ソ連式の社会主義はものすごく性に合いません。というより絶対ダメだと思います。軍閥の世界観というか、地域の問題と社会主義の思想というのは相反しているからです。ですから、軍閥が社会主義を取り入れたという話はありません。

そもそも軍閥の支配地域に工場などありませんから、軍閥と労働者階級の衝突などありません。外資の工場は全部租界にあり、租界に軍閥は手を出せません。

北京を訪れた山梨半造大将と張作霖の会見。右端は張学良、左端は本庄繁中将（『歴史写真』1927年８月号）

それらの土地は租界警察と外資の土地であって、外国の統治下、外国そのものだからです。軍閥はそんなところはまったく統治できません。ですから、租界の地でストライキをさせたコミンテルンの対象または敵は、その租界地のソ連以外の国です。つまり、外国同士の対立なのです。

　中国の近現代史は、租界で繰り広げられた秘密結社の力というか軍事力というか、暴力を使った国民党と共産党だけの問題に集約されて、軍閥との関わりが論じられないのが中国史を理解しづらいところです。軍閥に関しては、それぞれもっと古典的な内地、奥地、自分たちの統治のなかでやっているという図式だと考えたほうがいいのです。新しい思想はすべて沿海の租界なのです。

　また、軍閥にしても国家意識はありません。二十一カ条の要求に対して、日本製品のボイコット運動が展開されますが、それを民族ブルジョワジーだとか、日本が国として中国進出しているだとか、中国人はそんなことを考えていません。

当時は軍閥にも庶民にも国家意識など何もなかったのです。国家意識などと言うのはいまの中国になってからであって、中国がそう教育しているのです。いまの中国の歴史が、日本が侵略したというようなイメージをつくっているのです。

実際は、この頃に日本が出資して投資していたからこそ旅順、大連が発展しているのです。しかも労働者がたくさんそこで働いていたのですが、「日本が来たから中国はいい目にあった」など、いまの中国が書くわけがありません。

実はいまも中国人は、個人的には日本に行ったほうが幸せだと思っているはずです。当時でも日本の租界で住みたいと思って、なだれ込んで来たととらえるほうが正しいのではないかと思います。そんな普通の人たちが、民族ブルジョワジーなどという言葉を知っているわけがないのです。

中国は第一次大戦に滑り込み参加しただけなのに大きな顔をしようとした

次にワシントン体制の話に移ります。ワシントン体制は第一次世界大戦後の一九二二年二月にワシントン諸会議で成立した条約に基づく国際秩序ですが、このなかで中国に関係する項目は九カ国条約と山東懸案解決に関する条約の二つがありました。

まず九カ国条約については、アメリカの主導によって、中国の主権尊重、領土保全、機会均等、門戸開放などが定められました。九カ国条約の締結については、中国は一応第一次大戦には最後に参戦しましたので、戦勝国として主権尊重、領土の保全が謳われますが、それ以前に個別に租界がそのまま残っています。それを返せというものではまったくありません。

ですから、九カ国条約と山東懸案解決に関する条約は、敗戦国ドイツに対する処理問題だけです。戦勝国同士のなかの条約は無関係です。ドイツから取り上げたものをどうするかだけの問題で、中国は戦勝国だから、負けたドイツのものは自分たちにも権利があると主張したのです。中国のなかのドイツ領は全部中国に返せと言ったのです。そうしたら列強は、それは日本との問題だからと言って逃げました。中国はワシントン会議には、そうした期待をもって、大きな顔で参加したのです。

しかし、ドイツ領については、直接、日本と中国の二国間で交渉してくれということになりました。なぜなら列強自身が日本との間でそれぞれ了承と盟約を持っているからです。だから、この場合は日本の邪魔はしないことになったのです。ワシントン会議では、日本にとっては戦艦の比率を決めた五大国の軍縮会議のほうが大事な出来事でした。そして、日米英仏で結ばれた四カ国条約の結果、日英同盟が廃棄されました。

日本史としてはそちらのほうが大きいのですが、中国史から見ると、関係してくるのは九カ国条約と山東懸案解決に関する条約です。九カ国条約は、中国の主権と領土の保全を尊重すると言っていますが、商工業における各国の機会均等を遵守すべきことも謳っています。これによって第一次大戦中の一九一七年に日本とアメリカの間で結ばれた、日本の中国における特殊権益を認めた石井・ランシング協定が廃棄されます。しかし当初、中国側が目指していた関税自主権回復の見込みがたたず、関税率の引き上げも日本の抵抗にあいました。

山東問題については、多国間交渉に持ち込もうとする中国側の意向は通らず、結局、日中二国間の協議に委ねられることになりました。しかし、この日中交渉の結果、膠州《こうしゅう》湾の旧ドイツ租借地は中国に返還され、すべての外国に開放されます。山東鉄道も中国が買収することになります。そしてこの後、中国の軍閥の後ろに各列強がつくようになるのです。

最終的には、一九二二年のワシントン会議以降、日本は段祺瑞を支援しますが、それと同じように列強もあちこちの軍閥を支援し始めることになるのです。

農民を教育した共産党というのはまったくのウソ

前述の岩波新書『中国近現代史』では、中国共産党は一九二一年（大正十年）に農民を組織化し、農民協会を結成したとしていますが、まったくのウソです。農民協会のスタートは一九二三年です。これには毛沢東は関係しておらず、ソビエトのほうから農民協会をつくれと指示されてできました。

農民協会は、中国のなかのほんの小さな箇所に点々とつくられていきます。まず広東の海豊《かいほう》県の大地主の子、彭湃《ほうはい》（一八九六〜一九二九年）が農民運動を始めます。彼は早稲田大学を卒業して故郷の役人になると、農民に働きかけてその組織化に乗り出し、一九二三年一月、組合員二万人の協会をつくりました。地主の小作料引き上げには協会をあげて抵抗して、その効果が次第に喧伝《けんでん》され、協会は隣の県へと広がって大きくなりました。これに倣《なら》って他にも協会がつくられていったのです。

始まりは一九二三年です。一九二一年につくられたというのはウソです。そして、一九二四年に国民党が改組されて農民部が設立されます。つまり、国共合作が始まってはじめて、毛沢東を所長とする農民運動講習所が広東にも置かれたのです。

一九二五年には広東全省の第一次農民代表大会が開催されて協会員が二十一万人になり、一年後には六十六の県に協会ができて総数六十四万人余りに増加しました。これはそれほどウソではないと思います。

ところが、ここからが大問題です。これには毛沢東が関係しているのですが、一九二六年に湖南省に農民協会の組織が大きく広がったのです。

この年の三月のことですが、湖南省だけが成功した理由は、湖南省の農民協会が哥老会という秘密結社と合体したというか、哥老会そのものが農民協会になったからです。どうも哥老会が名前を変えたようです。農民協会は最初は真っ当な始まりだったのですが、農民協会の発展には限界がもたらされて、二年後の一九二六年で成長はストップしてしまいました。

農民協会はここで変質しました。毛沢東が関係した農民協会は、そもそも湖南省の秘密結社の哥老会ですから、全員がゴロツキのやくざで、地主を殺しまくったのです。ここで哥老会と毛沢東がつながります。一九二一年に農民協会がつくられたという話は、要するに毛沢東が共産党員になった時に、すぐにつくったと言いたいがためにつくられた話ではないかと考えます。

この一九二一年というのは共産主義、コミンテルンが中国に入ってきて、一応毛沢東が参加した第一回党大会が開かれたということになっている年です。要するに、中国共産党ができたのがこの一九二一年で、二〇一一年が共産党結成九十周年ということになります。

もう少し付け加えますと、そもそも中国で共産党というのは、イコール、コミンテルンの支部でした。共産党というのはソ連共産党のことで、中国共産党はその支部でしかないわけですから、中国共産党がソ連とつながっていたかどうかというのはまったく野暮な質問で、共産党イコールソ連なわけです。中国に共産党があるということは、ソ連の直轄の支部を置いたという意味なのです。

農民協会のことですが、これにはすごい実例があります。ユン・チアン著『マオ』によると、

「われわれははじめて農民協会がごろつきに支配されていることを知った。彼らは国民党のことも共産党のことも何一つわかっていない。彼らが知っているのは人を殺して火を放つことだけだった」と、汪精衛《おうせいえい》が武漢国民政府の指導者たちに

言っています。末端の農民協会を取り仕切っていたのは大半がごろつきであり、もっとも貧しくもっとも粗暴な活動家たちで、もっとも蔑《さげす》まれてきた連中でした。

「そうした連中がいまや権力を握り、毛沢東が書いているように、彼らはふるさとの農民協会で大将となり、農民協会はその手中にあって恐るべきものとなったのである。彼らは気の向くままに犠牲者を選んだ。土地持つ者は皆土豪、紳士であれば皆劣紳という言葉まで生まれ、彼らは地主を大地に叩きつけ、そのうえ足で踏みつけた。土豪劣紳のお嬢さん、若奥さんの豪華な寝台にも土足で上がって寝転がってみたりする。なにかといえば捕らえてきて、三角帽子を被せて村を引き回し、よろずしたい放題。農村に一種の恐怖現象を作り出している。毛沢東はこれを肯定的に描写した。どんな目にあわされるかわからないという不安と心身に加えられる激しい苦痛が、とりわけ毛沢東の心をとらえた。『すばらしい、すばらしい』」（ユン・チアン『マオ（上）』八三〜八四頁）。

このなかで、毛沢東が書いているというのは『湖南省農民運動視察報告』という報告書です。

「農民にとって最も重要な土地の再分配について、毛沢東は一度も言及しなかった。農民協会の中には境界杭を動かしたり、土地賃貸契約書を焼却したりして、勝手に土地の再分配に着手したところもあった。毛沢東は、いわゆる土地の没収とは小作料を払わないことであって、他の方法は必要としないと発言している」(同書八五頁)。

これは毛沢東の言っていることですが、とりあえず農民協会をつくると収入が激減するのです。それはもうこれまでの秩序が無になって、悪いやつらが勝手にしたい放題します。共産主義とか、みな平等とかの掛け声を聞いただけで、一番下の人たちが何もわからず人殺しに走るのです。たとえば、国民党の兵士まで殺されたので、頭にきた蔣介石が農村を包囲するという話があります。それくらい暴動は止められなかったのです。

こうして農民協会がいろいろな農村に行って権力を振るうことができたのは、小作人たちが小作料を払わなくていいということで、喜んで農民協会に賛同したからです。とりあえずは目先がよければいいという、付和雷同《ふわらいどう》の人間は山のようにいるのです。

貧乏人は何を言われても、自分たちがいまよりもいい目にあうとか、あいつをやっつけられるというだけで動くのです。しかし、やってみたけれども、実は前よりも食えなくなってしまったというのが結果でした。ですから、国として何とかするということではなくて、ものすごく地方的というか地域的な問題です。

小作人に土地をやるという農民運動には、いろいろなやり方があるのですが、小作人に土地を与えると、地主ではないので知識も経験も何もなく、たちまちその農村では作物がほとんどできなくなって、食べ物が取れなくなってしまいます。共産党が農民たちと結託すると、その土地の地主が攻撃されるわけですが、取り上げても今度は自分たち、共産党の地盤を弱くしてしまいます。

つまり、共産党が入ったところで農民運動を起こして農民に土地を分け与えると、生産物がいっさい取れなくなってしまい、共産党が食べるものがなくなるのです。均等分配ということはできません。

共産党が入って来たら土地を取り上げられる地主は、軍閥と結託するということはありますが、地主イコール軍閥ではありません。軍閥は郷紳階級から出てきていますが、軍閥はすべてがその土地の代表ということではないのです。一人ずつの個人の軍閥が権力を持っているだけなのです。

しかし、たとえばある軍閥が自分にとって都合のいいお金儲けをしたり、中ぐらいの地主と結託してたくさんものをつくらせたりという土地はあるにはありますが、だからといって階層があるわけではありません。地主階級は全員が軍閥ではないのです。

太平天国の乱のような時に、郷紳階級が自分たちの財産を守るために兵隊を傭《やと》ったのが軍閥の起源ですから、その兵隊のなかから優秀な人が出てきて、その土地の将軍になったということはあります。軍閥はだいたい小作農出身ではなくて、出身階級は富農層ですから基本的には富農の味方です。富農は軍閥にお金を出しているパトロンのようなものですから、農民に土地を配分するソビエトふうの農民運動のやり方に、軍閥は反対しています。軍閥としては地主が安泰であったほうがいいのです。小作人を平等に解放しようとする共産党とは、どう考えても相反します。

しかも、ソビエトふうの農民運動のやり方は、廟など村の共有地である土地も没収、村を構成する宗家や富農の土地をすべて没収します。そして、全部ソビエト政府の所有に帰して土地を持たない農民に分配し、いっさいの土地の売買、質入れを許さない、分配も郷単位で行なうのです。こんなふうにしてしまうと、その土地からは何も生み出さなくなってしまいます。

これは少し後の話ですが、毛沢東が長征をして行くところも、これと同じことを実行したら、実行すればするほど収穫がなくなりました。それではどうしようもないので、段階的に富農は大事にしようとか、やり方をコロコロ変えました。

中華人民共和国ができた後でも、ソ連のコルホーズやソフホーズもみんな同じでした。土地をすべて没収して再分配すると、一気に収穫率が落ちて、みんな餓死してしまいます。これではダメだというので途中で少しやめて、またいいとなったら、今度は富農を殺して作物を巻き上げては食べてしまうということをしました。

ですから、社会を向上させていくというよりは、たくさんお金を持っているやつを殺してはそれを奪うというような形になっていきます。持っているものを人から奪うのです。こうなると、もっと上手に増やしていこうという方向にまったくいきません。それが共産主義なのです。結局、中国共産党もスタートからそうでした。持っているものを獲って分ける、全部殺して奪って分けるということです。そして、分けるものがなくなったら外国にたかったのです。

国共合作で共産党と孫文は助けられたにすぎない

中国では五・四運動以降を「新民主主義革命」の段階と呼んでいますが、ずっと社会主義ということです。モスクワの紐付《ひもつ》きというか、とにかく中国人が自分たちで民主主義をやっているわけではありません。この時、ソ連は中ソ国交樹立へと密約を進めるのですが、ソ連は国民党と手を組んだにすぎません。

これが一九二四年の第一次国共合作で、要するに、中華民国とソ連が手を組んだのです。共産党なんてまったく関係なく、その前に国共合作を孫文にさせたのです。

一九二一年には、中国共産党はなにせ五十七人の党員しかいませんでした。アメリカの中国学者、フェアバンクが言うには、一九二二年でも中国の共産党の党員は三百人。一九二五年に一千五百人です。こんな党を相手にしていても、ソ連としては絶対に中国を取り込めませんから、国民党に移ったのです。それで孫文に金をやるから共産党に目こぼししろというのが国共合作の実態です。

国共合作といっても共産党の力はありません。いまになって対等な顔をしていますが、その時は共産党員を狩るな、共産党員を殺さないで吸収してくれというソ連からの圧力がかかっていたのです。つまり、共産党員を国民党に入れ、国民党には金を出すから共産党を目こぼししろということです。その時に孫文は、まったく主義が違うくせにそれを承諾します。彼はコミンテルンを信用していないのですが、ただ金が欲しかったから国共合作を受け入れたのです。

孫文は金ができたので、一応、中国国民党の第一回全国大会を開くことができました。ここで、ソ連と一緒に共産党を入れて合作ということが決まったのです。結局、この合作を支持したのがソ連だったということです。

毛沢東がこのことを書いているかどうかは知りません。しかし、国共合作のおかげで毛沢東は生き延びました。広東の地方政権にすぎなかった国民党も、国共合作のおかげで全国政権に発展しますし、合体したおかげで、誕生間もない共産党も勢力を伸ばすことができました。合作した一年後、共産党員は一千五百人になります。一九二二年は三百人ですから、合作後に五倍になったのです。これに対して、国民党は一九二三年に五万人ですが、四億の人口のうちの五万人です。これはつまり、広州での地方軍閥以上の何ものでもなかったということです。

ですから、中華民国、中華民国と言いますが、本当にはったりなのです。内実はあちらこちらに軍閥がいたということなのです。ところが、国民党と共産党の二つが合作してソ連から金が入ったので、一九二九年末には国民党は五十五万人になります。このうちの二十八万人が軍人です。上海の党員は官僚か警官で、青幇《チンパン》が手先となっています。ここでもやはり秘密結社が出てきます。天地会に、青幇と紅幇《ホンパン》があるのです。

国共合作前に、国民党のなかで台頭して権力を握ったのが蔣介石で、彼は政治家ではなく、軍人でした。国民党二十八万という軍人のなかの一人です。蔣介石は、青幇のリーダーと仲が良くて、それで孫文に気に入られます。そして、孫文の妻の妹である宋美齢《びれい》と結婚し、孫文の義兄弟になりました。ものすごく古典的です。蔣介石は日本の振武《しんぶ》学堂（武官に日本語を教える予備校）に留学しますが、陸軍士官学校に入れなくて、新潟県高田市の砲兵連隊で見習士官を務めます。つまりは留学組の軍人です。それで孫文の中華革命党のメンバーになったのです。

ちなみに、振武学堂は、一九〇三年に日本の陸軍参謀本部がつくった日本国立の軍人養成学校で、とくに陸軍士官学校または陸軍戸山《とやま》学校に入ろうとする清国留学生の準備教育のために設けられたものですが、驚いたことにこれを、「日本の陸軍士官学校の予備校として清国政府が東京に設立した」と書いたものを発見しました。ウソはどんどんエスカレートしています。

蔣介石は国共合作をした時に三カ月間ソ連に派遣されます。国共合作は何がすごかったかというと、それまで中国のなかには、軍閥以外に軍隊組織がなかったわけで、中央集権的な官僚主義的性格の軍隊というのは、すべてソ連から学んだものなのです。

ですから、共産党と国民党、中華人民共和国と中華民国は双子の兄弟と言えます。組織と軍隊をここではじめてソ連式にしますが、その前に日本の陸軍のやり方も取り入れています。しかし、非情さというか冷酷さは、ソ連式を取り入れました。ここがまた中国史の分かれ目です。だから、国共合作は非常に大きな意味があるのです。

蔣介石（1887〜1975）

そういう位置付けで国共合作を考えると、ロシア革命で鍛えられたボルシェヴィズムの組織論を利用したという点で、中国史に大変大きな影響を与えました。中国はこれ以外には統一する方法はないので、それゆえに、完全なるロシア革命式の国家づくりをここから始めるのです。

孫文が評価されてしまう本当の理由

国共合作をしても孫文は軍隊も何もありませんし、みずから北伐もしていません。第二次奉直《ほうちょく》戦争に呼応して北伐を宣言し、戦争終結後の時局収拾に乗り出して北上しますが、邪魔されてそのまま真っ直ぐ行けず、日本を経由しなければなりませんでした。そこで神戸で「大アジア主義」の講演を行ない、日本の聴衆を感動させます。

しかし、この「大アジア主義」は、中国人にはまったく感心されませんでした。ただ日本人が孫文を好きだっただけです。日本人の評価が高かったので、後で評価されたのです。これが現代中国の始まりで、始まりに誰かいないと中国史を考えるうえで困ってしまうので、孫文が高く評価されるだけです。

孫文の北上は上海でイギリスの妨害を受けます。日本を経由して天津に到着したのは十二月で、当初はただちに北京に向かうつもりでしたが、膵臓《すいぞう》ガンで苦しみ十二月末まで足止めされ、北京に行って死んでしまいます。孫文が亡くなったのは、国共合作の翌年一九二五年です。とにかく孫文は、中国の民衆に支持などされていません。

そもそも当時の中国に民衆など存在していないのですが、日本で評価をされたということは、すでに日本には民衆がいたということを意味します。中国に向けて「民衆よ！」と言ったところで誰も耳を傾けません。しかも、孫文は財閥の婿になって自分だけいい目にあっていると揶揄《やゆ》され、中国国内のことは何も知らないし、農民のことも知らないし、革命同志もあきれてものが言えず、みんなしらっとしていました。

蔣介石がソ連に留学した時に「三民主義」が笑われて、孫文の評価があまりに低いのでショックを受けたという話があります。ソ連共産党員の間で、孫文の評価があまりにも低い事実を知ってショックを受けたのです。

中国共産党が派遣した留学生のなかでも、孫文はまったく評価されていませんでした。それは孫文が客家で出自が悪いからです。しかもアメリカ教育で、中国大陸に地盤が何もありません。そのくせ袁世凱のように自分が一番だと言って、中国すべて自分のやりたいようにして、協調を嫌って軍を統一すると叫んでいたのですから、嫌われて当然です。袁世凱が二十一カ条の要求でもめている最終段階で、自分なら日本と上手くやると密約を交わすくらいです。彼にはまったくいいところがないのです。

孫文＝辛亥革命と思っている人が多いですが、辛亥革命の時、彼はアメリカにいました。問題はそんな孫文が、いまの中国では偉くなっているということです。台湾の中華民国にしても、中山陵《ちゆうざんりよう》（孫文の墓）で一番偉い国父に奉られています。中華人民共和国のほうも、奥さんの宋慶齢が首相クラスで偉かったために、孫文も偉く扱われています。

ちなみに、宋慶齢はすごく長生きをしています。一九四九年から一九五四年まで毛沢東の下で中華人民政府副主席を務め、一九五九年から一九七五年までは国家副主席を務めています。しかも、劉少奇《りゆうしようき》が国家主席を退いた後、一九六八年から一九七五年までは国家主席は空白ですから、実権はないですが、代行としてほとんど国家主席の扱いです。ですから、孫文は中国の顔として扱われるのです。孫文を近代革命の先行者ということに決めたから偉く扱われているというだけです。いまの中国は、そういう歴史をつくったのです。

それでも、中華人民共和国にすれば孫文は自分たちの恩人です。なぜなら、あの時孫文が国共合作をしなかったら、とっくに中国共産党はなかったからです。孫文が共産主義にＯＫを出したのですから、共産党が生き延びたという理由で、彼は恩人なのです。しかもコミンテルンが中国に入ったのは、言ってみれば孫文のおかげです。国を売った売国奴で、大ボラ吹きの孫文が、中国の歴史で大きく扱われるのは仕方がないにしても、日本の歴史で偉く扱われているのは間違った認識です。

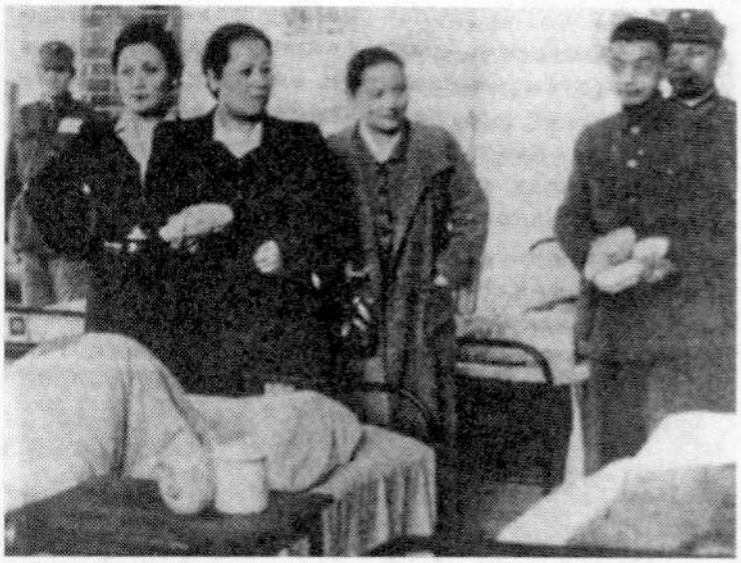
1939年、傷病兵病院を慰問した宋家の三姉妹。左が蔣介石夫人の宋美齢、中が孔祥熙夫人の宋靄齢、右が孫文夫人の宋慶齢

蔣介石については、どう評価するのがいいでしょうか。中国史から見る蔣介石ということですが、中国史もあと二十年も経ったら変わっているかもしれないですし、そもそも正しい中国史などありません。中国人自身が正しい中国史に興味がないからです。

しかし、蔣介石は中華人民共和国と台湾の中華民国の両方に史料があって、台湾の史料は中国ほど締め付けなく書かれているので、意外とその通りに受け取っていいかもしれません。蔣介石自身が書いたものもありますし、日本人も彼について書いています。孫文のように、評価がまったく正反対で、絶句するような話は出てこないと思います。というのも、蔣介石の後の台湾は民主化しましたから、言論の自由もあります。私たちのまったく知らないことが出てくるということはないような気がします。

彼は軍人出身で、実は日本のことは嫌いではなくて、愛着を持っていました。しかし、中国のなかで権力闘争を勝ち抜くためには、いいことも悪いことも含めてさまざまなことをしたのは事実です。おそらく蔣介石でなくても腐敗したでしょう。ただこの当時、蔣介石は本当に苦労しました。彼の足を引っ張る人ばかりでしたし、上に立つと苦労するという国です。それを乗り切らなければいけなかったのです。

それから、西安事件というものがあります。これは後で張学良の話として説明しますが、このせいで結ばれた第二次国共合作はコミンテルンの陰謀です。なぜなら、蔣介石自身が日本よりも共産党のほうをもともと危険視していたからです。これも結局、本当だったと思います。

〝党〟というと組織だと勘違いする日本人

国民党も軍閥、共産党も軍閥で、中国はすべて同じパターンです。軍閥だった国民党と軍閥だった共産党が合作して一番強い軍閥になったのです。しかも、それをソ連が全面的に援助しました。これが段祺瑞を援助した日本と徹底的に違うところです。

現在の視点で中国史を眺めると、結局、国をつくったほうが正統に見えます。国共合作した国民党と共産党に正義があって、他の軍閥を倒すために北伐を行なったように考えがちです。奉天の軍閥である張作霖も、自分の力が大きくなった時、自分が中国を統一しようと思いました。日本が後ろにいるから自分が新しい国をつくれるのではないかと考えました。しかし、張作霖は結局能力がなかったので、新しい国をつくってしまったのは日本で、それが満洲国です。

軍閥が国をつくろうと考えたことは、コミンテルンがしたことと違いはありません。何度も言うように、蔣介石の反共にしても、軍閥にしても、北伐にしても、イデオロギーなどではないのです。すべて力関係です。地主のなかに、国民党上層部や革命党首領と結びつく者がいるというのも、同じように力関係で動いているのです。

日本人は国民党とか共産党と言われた途端に、それは全国組織だと思いますが、すべて地方組織なのです。全部南のほうのどこかの根拠地から広がっていったものですから、ほとんど軍閥なのです。その土地の人が、力関係で共産党員になったり国民党員になったりすると考えたほうが正しいのです。いきなり全国ネットで国民党や共産党が現れるなど、中国ではあり得ません。

軍閥はその土地その土地に存在し、地主が他から攻められると困るから軍事力に頼り、その土地を守るために軍閥が支配するのです。そうやって、軍事力でくっついていきます。誰かと人間関係を結ぶことになる背景には軍事力しかありません。その代わりに、みかじめ料を納めるわけです。上から下までそうした関係でつながっています。国家が守ってくれるということがなかったので、金を出して守ってもらうしかなかったのです。

軍閥と国民党、共産党の関係は、地主と農民、労働者の間の階級対立が、国民党と共産党の対立に発展したなどという理念的なものではありません。理念では誰も動きません。自分のところに近いかとか、すぐ助けに来てくれたかとか、人間が気に入ったとか、それだけの問題なのです。

国民党対共産党の争いは中華人民共和国成立まで進む

共産党の軍隊も国民党の軍隊も、すべて同じ穴のムジナです。共産党が農民軍だとか、国民党が軍閥だとかいったものではありません。どちらかというと、共産党の軍隊は農村の秘密結社で、蔣介石の国民党軍とつながりがあるのは都市の秘密結社という違いがあるだけです。

蔣介石と関係していた青幇や紅幇は、都市の秘密結社です。だから、金があるのです。先ほども言ったように、国民党と共産党では五万人と一千五百人の違いです。ですから、いまの共産党にとって、国共合作は歴史的に大きな意味を持つのです。この時以降、金を持っている都市とくっついたわけですから。実は共産党は、そのネットワークを使って広がっていきました。

一九二七年（昭和二年）四月十二日、蔣介石の北伐の途中で、上海労働者がコミンテルンの指示で外国人を殺しました。その前に、三月二十四日に北伐軍は南京を占領しましたが、朝になると領事館が略奪を受け、二千人の死傷者を出しています（南京事件）。

そして、四月十二日の四・一二クーデターとなります。共産党は上海でゼネストをしますが、蔣介石の下には、コミンテルンのスパイがいっぱいいたのです。共産党は労働者の武装組織である糾察隊《きゅうさつたい》などもつくりましたし、ゼネストなどいろいろな攻撃をしました。しかし、これは都市だけの話で、上海労働者のなかにはそういう輩もいたということです。そこではお金が飛び交ったはずです。鎮圧したのは青幇の秘密結社で、青幇が労働者を殺したのですが、それはイデオロギーでも何でもなく、ただ邪魔されたから殺したのです。

こういった事件があったおかげで、蔣介石は共産党が嫌いになって反共になります。そして、ソ連のスパイを全員排除するということを始めました。しかし、共産党は緊迫する情勢を読み切れないでいました。こういう変化に対して、まだ甘く考えていたのです。第一次国共合作は、共産党員がコミンテルンの指示で動いたので、蔣介石がそれらいっさいを排除して、最終的に崩壊を迎えるにいたりました。

そして、共産党は農村に逃げ込んでいきます。農民協会が奪った土地に逃げ込んでいったのではありません。人のいないところに逃げていくだけです。ですから、食糧がなくて大変でした。結局、彼らは少数民族地帯に逃げ込み、地方をぐるっとまわっています。共産党は長征の前に農村に逃げ込むには逃げ込みますが、その前に、ばらばらになってしまっていたのです。

ところが、モスクワから新しくコミンテルンの代表がまたやって来て、共産党員は国民党の武漢政府にとどまりつつ、土地革命、労働者、農民の武装を行なえという、中国の実状をまったく無視した指示を出します。しかし、共産党はこんなことは実行不可能なので断りました。そうするとコミンテルンに、共産党は武漢政府から退出せよと言われて、武漢の国民政府から退出していなくなりました。そして、人のいないところに逃げていったのです。

そのなかで、合作を維持しようとした陳独秀などの人物もいました。彼はもともとの共産党員で、思想的にも共産党員です。彼のような、ひと握りの人だけが本当の社会主義者でした。陳独秀だけは最初から日本でマルクス主義を勉強して、マルクス主義の本を翻訳して、論文を書いて本当に社会主義者になっています。ですから、なんとか国民党と一緒に社会主義を打ち立てようと思っていました。農民暴動などではない、本当の社会主義をです。彼は知識人ですから、真面目な社会主義を考えていたと思います。彼は農民を相手にするのも嫌だったでしょうし、そこは毛沢東とは違っていたのです。

いずれにせよ、国共合作で共産党は救われ、国共合作の崩壊によって、共産党のウソだらけの伝説がつくられていくのです。

第四章

歴史上、一度もまとまったことのない中国

〔1931〜1949〕

中国の地名が何度も変わるのはなぜか

　さてここでは、本題である張作霖爆殺事件以降の説明に入る前に、都の名前の話から始めさせてください。というのも、中国史を見ると、よく首都の地名が変わります。歴史の教科書ではじめてこのことが出てくるのは、おそらく唐の首都の「長安（西安）」という表記でしょう。この地は明代より現在まで西安と呼ばれていますが、それこそ王朝が変わるたびに、いくつもの呼称が存在しました。

　このように、中国で地名がコロコロ変わるのは、序章でも言いましたように、われわれが中国史と呼んでいるものは、実は地域（土地）の歴史だからです。それは、中国近現代史においても変わることはありません。

　たとえば、一九二八年（昭和三年）に張作霖が北京を脱出すると北京政府が消滅し、北京は北平《ほくへい》となります。北京というのは北の都（首都）という意味です。なぜ北京と呼ばれることになったかというと、これは明の時代からなのです。明は南の出身だったので、まず南京を首都にしました。その後、一四〇二年に即位した第三代の永楽帝《えいらくてい》が、彼はもともと燕《えん》王と言い、この地を地盤としていたので、首都を北に遷都したのです（実際に遷《うつ》ったのは一四二一年で紫禁城完成後です）。

この街は金代は中都《ちゅうと》と言っていました。領土の真ん中の都という意味です。元の時代は帝国の中心の大きな都だから大都《だいと》と言いました。まだ北京とは呼ばれていません。明は最初、南京に都を置いていて後に遷都したので、南京は南京のままで、北の都だから北京と呼んだのです。ですから、本当はいまの普通話（プートンホワ）だと「ベイジン」と発音すべきなのに、明代に「ペキン」と南の方言で呼んだので、そのままペキンと呼ばれています。つまり、ペキンは南京と対になった呼び方で、ペキンという読み方が外国にも流布してしまったということです。

ところが、中国国民党は最後まで南京が首都でした。ですから、北の都と言わないようにして北平にしたのです。あくまでも自分たちの立場が優先されます。国府軍と国民党政府は南京を首都としていたからです。

しかし、日本が支那事変の時に占領して、一九三七年に名称を北京に戻してしまいました。そのために、一九四五年までずっと北京となります。国民党が日本に勝って、日本が敗戦した時に、国民党が北平と呼び名を戻したこともあります。しかし最終的には、中華人民共和国は正式にあそこに首都を置いたので、また一九四九年から北京と呼ばれます。一方、台湾の中華民国は現在でも北京を北平と呼んでいます。

このように、中国では王朝が入れ替わるたびにその都度、都の名前が変わります。したがって、中国は歴史が続いていないということになります。新しい国を建てたら、昔の国の首都は捨てて新しい名前を付けるからです。ですから、歴史研究は大変です。いつの時代には何という地名かということを書いた地名用の辞書があるくらいです。全国的にすべての街の名前が変わると思ってください。同じ街でもいくつも名前を持っていたり、同じ名前が違う場所だったりもします。

たとえば、遼、金、元という王朝は北方出身の王朝ですが、遼の時代の東京《とうけい》とか西京《せいけい》は、元の時代では違っています。自分たちの領土のなかで東にあるのが東の京、東京で、西にあるのが西京というふうになります。日本人の東洋史学者は東京《とうきょう》などというと日本の首都かと混乱しますので、中国史に関してだけはトウケイと読みます。その他、セイケイやナンケイ（南京）などと読むわけです。

また、奉天と瀋陽《しんよう》も同じ街ですが、日本人は奉天と呼びます。同じ時に南の中国人は絶対に奉天とは言わないで瀋陽と呼んでいました。それはなぜかというと、日本が満洲国をたてた後でつけた奉天という名前は使いたくなかったから、中華民国も中国共産党も瀋陽と呼び続けていたからです。

日本人がなぜ奉天と呼ぶのか、これには大きな理由があります。あそこには奉天将軍がいて、もともと奉天という役所があったからです。ですので、奉天も瀋陽も間違いではないのです。瀋陽という名は、もともとの街の名前で、そこに奉天という将軍の本拠地があったので奉天でもあるわけです。さらに、ムクデン（盛京）という英語の名前もあります。清朝の満洲人がそこから興ったので、満洲語ではムクデンと呼んでいました。一つの街がいろいろな名前を持っているのは、彼らとしては普通の感覚です。

名前が変わるのは、やはり王朝が変わった時がほとんどです。中華民国は、南京に自分たちの首都があるから北京を北平と呼び変えました。王朝が変わった時は、前の王朝と敵対しているために別の名前で呼ぶというのは、中国人にとって当たり前のことなのです。ですからややこしいのです。

こういったことも日本人が中国に持つイメージとは全然違います。日本人は前例を尊重します。長幼《ちょうよう》の序というか、最初に名付けた人が敵でも異民族でも、前についた名前は尊重します。ですから、中国人には歴史感覚がないと言えるのです。過去は全部捨てて焼いて潰《つぶ》して自分たちが始めるという精神しかないのです。過去にあったことを大事にする気がまったくないと言えます。

日本人は敵の領土を取っても、敵の言ったことを、言葉にしても何にしても、きちんと残してあげます。だから、アイヌ語の地名も残っていますし、日本は歴史が残っていると言えるのです。中国に関して言えば、地面の上にあるもので昔のものはありません。昔のものは、たまにお墓から出てくるだけ、それが実は中国なのです。

「共産主義」対「帝国主義」という考え方の愚

もう一つ、「帝国主義」という言葉についても説明します。

本章の話にも後で出てきますが、帝国主義というのは、共産党が列強を批判する時に使う言葉ですから、帝国主義と書いてあるだけで、それを使った人は共産主義者というか共産党シンパ、左だと思ったほうがいいのです。なぜかと言えば、帝国主義という言葉はものすごく曖昧な言葉で、共産主義者が敵を非難するためにつくった言葉だからです。

帝国主義に代わる他の言い方はいくらでもあります。たとえば、欧米列強と言ってもいいのです。しかし、あえて帝国主義という言葉を付けるということは、はっきりと自分たちの思想的立場を明らかにしているということなのです。

そもそも帝国主義という言葉自体、悪口にしか使いません。この言葉を使うということは、自分はそちらの側ではないということを表明していることになります。日本の普通の歴史書で帝国主義という言葉を普通に使っている人は、明らかに声明しなくても、心情的には左翼、左派と考えたほうがいいと思います。帝国主義という言葉を好む時点で、その人に政治的な立場があると思います。私たちはわざわざアメリカ帝国主義という言い方はしません。

その言葉を使うこと自体が、すでに符号というか、同志に対して自分の立場、アリバイを証明しているもののような気がします。いまの若い人は、普通に帝国主義と使ってしまいますが、そういう人たちは洗脳し終わった人たちなのです。

そもそも帝国主義とは何なのでしょうか。たとえば、搾取する集団を意味するのならば、いまの中華人民共和国はあまりにもひどい帝国主義になります。いまの中国は国内に少数民族自治区のような植民地をたくさん持っていますから、結局、当時の列強と同じことをしているのです。

「帝国主義＝明治時代から昭和の初期にかけて、植民地政策を行なった列強（日本を含む）」という解説がそもそもおかしいのです。いまの中華人民共和国は帝国主義ではないと、帝国主義の定義もしないで、結論ありきで言い切っているわけですから。帝国主義を使う人々は、自分たちだけは違うという言い分で、帝国主義イコール欧米列強、あるいは日本とリンクさせているのです。帝国主義という言葉を枕詞《まくらことば》にしたということこそが、いまはなきコミンテルン以来、左派の陰謀なのです。帝国主義だから悪い、帝国主義がしたことだからすべて悪いと言うためのスローガンになっているのです。

また、私たちは共産党というと、日本共産党のことを思い浮かべます。ですから、ソ連共産党と中国共産党はまったく別のものだとつい思いたいところですが、中国近現代史のなかで、共産党という言葉が出てきた場合には、まったくソ連派というか、ソ連との関係を考えるしかありません。

張作霖爆殺事件はコミンテルンのでっち上げだった

さて、前置きが長くなりましたが、ここからがこの章の本題です。

一九二八年（昭和三年）に張作霖が爆殺されます。いわゆる張作霖爆殺事件です。この後、息子の張学良は国民党の蔣介石の下につくのですが、調べてみると、張学良は張作霖爆殺前からすでに国民党員になっているらしいのです。つまり、張作霖が殺されたから日本との関係を絶って蔣介石についたのではないのです。しかも、張学良が張作霖を殺したのではないかという説も出てきているのです。

『謎解き「張作霖爆殺事件」』（ＰＨＰ新書）という本を出した加藤康男さんの話を聞いたことがあります。加藤さんによると、河本大作《こうもとだいさく》が張作霖を暗殺したという説は絶対にウソだということなのです。その話を聞けば聞くほど、昭和史をやっている保阪さんも半藤さんも秦さんもみんなダメだということもわかりました。なぜかというと、河本大作が二百キロの爆薬を橋の脇に仕掛けたと解説しているからです。

ところが、爆発後の写真を見ると、橋の脇から爆発させたのだったら、線路は飛ぶし、車両の側面が歪《ゆが》んでないといけません。しかし、写真を見る限り、列車は天井が吹っ飛んでいるのです。素人が見ても、列車のなかで爆発しなければこうはならないことがわかります。

写真は本物です。橋の上にある満鉄の線路は橋梁《きょうりょう》が完全に落ちていて、その下の地面はなんともなっておらず、列車の真上だけが取れてしまっています。しかも、この写真はわざわざ河本大作が爆破後に撮ったと言われています。それもわざとらしいのです。

つまり、河本大作は自分がやったことの証拠をつくるために、ものすごく努力しているわけで、私がやったということをあちらこちらに知らせたり、弟に手紙を書いたりして証拠を残しすぎています。通説になっている、満鉄の陸橋の下に爆薬が仕掛けられたという話は、どう考えてもあり得ないということが、爆破された列車の写真からわかります。

加藤さんが本を書く時の目玉が、当時の内田五郎奉天総領事が日本の領事館員に現地で書かせた見取り図でした。それを見ると、吹っ飛んで落ちてきたのは橋の上の満鉄の線路の橋梁枠です。線路の枠が三つ落ちています。機関車はずっと先に行っていて、陸橋の真下で爆発しているため上の橋脚の端の鉄が全部落ちていることが、見取り図からもわかります。

この列車は爆発地点の一キロ手前で、普通は三十キロで走るところを十キロで走っていたと言います。ゆっくり走っていたのです。その他にダミー列車が前に

張作霖爆殺の現場

も後ろにも何台も走っていて、張作霖がどの列車に乗っているかわからないようにしています。そして、食堂車や展望車などもあって、その時間に彼がどの車両に乗っているかもわかりません。
　つまり、爆破する瞬間に張作霖がどの車両に乗っているかわかっている人でなければ殺せないのです。橋げたの先から見ていて爆破スイッチを押したところで、彼がその車両に乗っているかどうかわかりませんし、列車が吹っ飛んだところで本人が死ぬとも限りません。これはあきらかに内部謀略なのです。爆薬は張作霖の乗る車両の天井裏かどこかに仕掛けてあって、陸橋下に来た時にスイッチが入るようにしておかないと、こんなに見事には吹っ飛びません。
　そこで、張学良と部下があやしいということになってきます。そこはもちろんまだ疑問にとどまっていますが、ただ、そう考えると、張学良がすでに国民党員であったというのも説明がつきます。彼は父の張作霖が死んだ翌年に国民党員になったことになっていますが、同時に国民党に入党した部下二人を黙って殺しています。一九二八年十二月の易幟《えきし》(旗を変えること、つまり国民党の傘下に入ること) 断行のあとの一九二九年正月に、部下の二人を自宅にマージャンに誘って射殺し、死体を筵《むしろ》にくるんで放り出したのは、当時の日本人も見ています。張学良は二人をスパイだったと言ったのですが、実はどうもその二人が、張作霖爆殺の実行犯の可能性があるのです。

内田五郎奉天総領事が日本の領事館員に現地で書かせた見取り図は、河本大作が首謀犯ではないことの証拠となるのですが、当時この書類を誰も受け取らず、内田領事はイギリス人に手渡したらしいのです。それを著者の加藤さんが本気で探しまわって、ロンドンのイギリス公文書館で見つけてきました。決定的な証拠です。これまでも張作霖爆殺に関してはいろいろな人が疑問を呈したのに、歴史はそれを握り潰し河本を実行犯としたのです。

内田領事の報告書には、爆薬は橋の上、橋の下、地面に装置したものとは思われないと書かれています。列車内で爆発したとしか思えないという証拠をたくさん送っているにもかかわらず、すべて無視されたのです。そこで黙殺された報告書をイギリスのMI6か何かに渡したらしいのですが、内田領事は証拠を残したかったのではないかと思います。

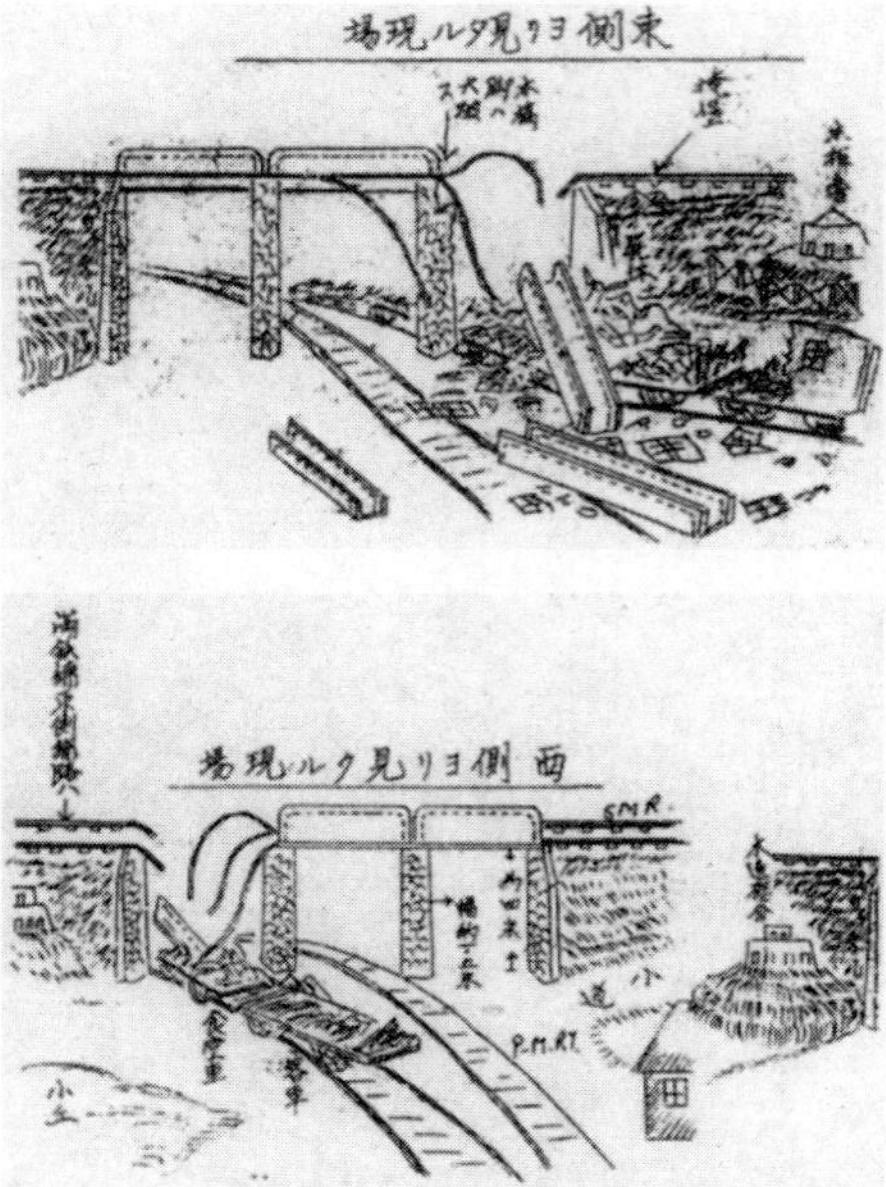

内田領事の見取り図［イギリス公文書館］

張学良という人物は、新しい教育を受けた人です。張作霖は家庭教師もつけてものすごく近代的な教育を受けさせました。ですから、張学良が中国は一つなどと言うのは確信犯的です。国民党員になったのも本当の姿を隠すためでしょう。その証拠に、後にコミンテルンが張学良に勲章を与えています。

一九三六年には張学

張学良（1898〜2001）

良は、西安事件で蒋介石を捕まえて国共合作を取りつけますから、張学良＝コミンテルンと言ったほうがいいかもしれません。コミンテルンと通じた人物だったほうが信憑性があります。張学良を私は好きではありませんが、この時本気で工作したことはすごい点で、中国史の見方を一変させる事実ではないかと思います。

反共産主義、反コミンテルンが国民党を大きくした

一方、国民党についてですが、軍閥一の軍事力を持つ蒋介石に各軍閥がつき従ってヒエラルキーをつくって大きくなったと考えるのは間違いです。それは日本的な考え方にすぎません。そうではなくて合従連衡《がっしょうれんこう》でした。つまり、軍閥同士が組んだだけなのです。別に蒋介石の命令に従っているわけではないのです。自

分たちが大きくなるために、味方を増やして組むというだけで、結局は自分の支配を認めてもらって、そのまま支配を続けるためには日の出の勢いのあるところ、強そうなところと組むしかないということです。

ですから、各地の軍閥はけっして国民党の傘下に下ったわけではありません。国民党はいかにも大きくなったように見えますが、それは各軍閥が手を組んだだけで、彼らがみな国民党になったのでもなければ、国民党員に従ったわけでもありません。その時に、蔣介石が一番力があったので組んだだけです。これは張学良も同じです。ですから、蔣介石が大きな権力を手にしたかというと、そんなことはないのです。そのため、後々ごたごたするのです。

そして、列強は英米仏のすべて、とくにアメリカにはコミンテルンが入り込んでいます。これまで中国に利権を持っていた列強は、ソ連とコミンテルンが大嫌いなのです。ですから、ソ連とコミンテルンの二つに反対しさえすれば、列強は国民党や軍閥に金を出します。それだけの図式です。何も精神が同じだとか、仲間だとかというのではありません。

ソ連が着々とやってきていることに対して、列強は非常に困っていました。ソ連はわざと煽ってストをするなどやりたい放題で、いまでいうテロリズムと同じだったからです。

ですから、中国に権益のあったそれまでの列強は、もう国民党を支援するしかなくなります。後に各軍閥にも別々に支援をしています。つまり、共産党を追い出してくれさえしたら、どこでも支援したのです。結果、国民党と軍閥は北伐以来、強く対立しなくなるのです。その理由が共産主義でした。

この頃、北洋軍は袁世凱の死後、分裂して小さくなっていました。北洋艦隊もなくなりました。北洋艦隊は日本が潰してしまったのですが、北洋軍はだいたい清朝時代の軍隊だったので、雲散霧消してしまったのです。

世界が満洲建国を認めた裏の事情

昭和初期の頃の中国の情勢はこういった感じで続いていき、一九三一年（昭和六年）の満洲事変を迎えます。

現在の中国史から見ると、満洲事変は言うまでもなく日本の侵略です。日本が自分のためだけに行動して、とうとう最後に土地を全部取ったという言い方しかしません。他に何の考えもなく言い切っています。

しかし、日本の満洲事変というのは、共産党プラス、コミンテルンの脅威に対抗したものです。日本の権益を潰しにかかる張学良は、コミンテルンと共産党そのものだったのです。日本のこれまでの投資をすべて置いて出て行け、工場を潰せ、朝鮮人を追い出せなど、とにかくものすごいものでした。もっとも、いまの中華人民共和国から見たら、当然疑いもなく張学良のほうが正しくて、日本が悪いということになります。

一方、満洲事変に対して、ソ連が不干渉の立場をとったというのは、その頃はソ連も内部が大変だったからです。内側でもめていて、それこそ社会主義が上手くいかず余裕もありませんでした。コミンテルンは革命勢力として世界中に散っていましたし、第一次五カ年計画の達成に手いっぱいで、満洲どころではありませんでした。ですから、満洲事変に対して、すぐに中立不干渉を声明してしまいます。

アメリカとイギリスは経済恐慌からまだ回復していませんでした。満洲事変は一九二九年の世界恐慌のすぐ後の出来事で、世界中が自国のことに懸命だった時期です。日本も恐慌のさなかでしたが、そもそもこの満洲、遼東半島は日本の権益で、日本が全部押さえていたのです。ですから、日本にとっては自衛です。とにかく、ありとあらゆる妨害工作を受けたので、現地にいた邦人がSOSを出しました。つまり、満洲事変は自国民保護でもあったわけです。

それを日本が侵略したと後付けで言うのは、やはり現在の歴史観です。他の国もいろいろ大変でしたから、日本はある意味、邦人保護という名目で出ただけなのです。そして、他の国は日本の権益があるからこそ手を出さなかったということです。

そもそも満洲は中国ではありません。何人かの軍閥がいましたが、とくに張学良があまりにもひどいので、現地の人も張学良は嫌いでした。いまは、張学良以上に日本が悪いことにされていますが、反張学良派というのがいたので、関東軍がそこに働きかけて、現地の人を委員長にして東北行政委員会というのをつくりました。現地の漢人有力者の他、モンゴル人や満洲人を集めて委員会をつくって、東北行政委員会が満洲国建国宣言を行なったのです。

つまり、傀儡《かいらい》であっても現地の人間に独立宣言をさせたわけです。国民党と一緒にやっていきません、われわれはわれわれの国をつくりますという声明です。これに日本が全面的援助をしたという形で国をつくっています。ですから、傀儡国家と言えば言えますが、同時に現地の人が建てたものでもあるのです。

一九二四年に誕生したモンゴル人民共和国にしても、ソ連が同じように傀儡国家としてつくったものですが、建前としては現地の人の国です。満洲建国に際しては、日本は最初は外国のことを気にして、満洲国を認めることを渋ってぐずぐずしていました。

しかし、犬養毅《いぬかいつよし》首相が殺された後、正式に認めたのが一九三二年です。満洲国の建国宣言が三月で、日本国内で五・一五事件が起こり、九月に日満議定書に調印して正式に満洲国を認めたという流れです。

1932年９月15日、日満議定書の調印。左が関東軍司令官・武藤信義大将、右が満洲国国務総理・鄭孝胥

一九三三年二月、国際連盟が満洲国不承認の決議をし、三月に日本が国際連盟を正式脱退します。同年五月、日本は蔣介石との間で塘沽《タンクー》停戦協定を結びます。日本が連盟を脱退した後の五月に、日本と中国の間では、万里の長城の北は日本の勢力範囲、南は中国ということで、間に緩衝地帯を設けるという塘沽停戦協定が結ばれたのです。ということは、中華民国は満洲国

の存在を事実上認めたということになります。

その後、一九三四年十二月になると、国民政府と満洲帝国との間に通郵協定と設関協定ができます。ビザを発給して出入りしたり、郵便をお互いにやり取りするようになるのです。つまりこれも、お互いに関税をかけて、物資のやり取りをする協定を結んだということで、中国が満洲を国であると認めたということです。

本当は日本の満洲を望んでいた中国人

満洲事変の時、張学良側は目立った抵抗もできないまま、彼の地盤であった東北地方は満洲国の領土になってしまいますが、この時、張学良は満洲にいませんでしたし、そもそも彼の一族が満洲に正当な権利があったわけではありません。現地にいる人が日本のほうがいいと言ったらそれで話はおしまいです。

一九三三年に国際連盟が満洲国不承認を決議する時、関東軍が熱河《ねっか》まで出て行って、熱河作戦が行なわれました。熱河省というのは万里の長城の北側ですが、そこに行った日本は馬鹿なことをしたというように言われます。

しかし、この行動には理由があります。熱河省はもともとモンゴル地帯で、清朝時代には満洲人皇帝の離宮（夏の都）が置かれました。一九〇〇年の義和団の乱でお金がなくなった清朝政府が、一九〇一年から漢人に土地を開放して、漢人農民がどっと入ってくるようになった土地でした。入って行った金持ちの漢人農民は、だいたい小作人を使うのですが、モンゴル王公に金を払うなどいろいろなやり方で土地を獲得していきました。そのため、モンゴル人と漢人の争いが起こります。しかし、土地を守らなければならないので、漢人農民は保険隊を雇いました。保険隊に金を払って保護してもらっていたのです。張作霖は、この保険隊で莫大な富を築いた人物です。

熱河省というのは、張作霖の地盤だったので、息子の張学良の地盤でもあります。つまり、熱河省を押さえておかないと、張学良派がそこから満洲国に来てしまうので、関東軍は熱河省を取っておきたかったのです。万里の長城の北側全部を取っておかないと危ないというので、満洲国が成立した後に熱河省に行ったのです。

もう一つの理由は、その頃の熱河省の長は漢人軍閥の湯玉麟《とうぎょくりん》ですが、彼が東北行政委員会に参加すると言っておきながら参加しなかったからです。熱河省はそもそも東北行政委員会の満洲国建国宣言に参加しているはずなのに、湯玉麟がどっちつかずに日和《ひよ》っていたために、日本軍が熱河省を押さえに行くのです。日本はさっさと熱河省を取ってしまったので、そこで塘沽停戦協定となります。ということは、熱河省まで取って満洲国になったので、万里の長城の北は満洲であるというふうになりました。最初の成立よりも少し領土がはみ出たわけですから、停戦協定をしてここから先は行かないという約束をしたのです。

しかし実は、日本軍はその先のモンゴルにまで侵攻します。つまり、協定を結んだので軍隊は送れませんが、その代わり特務機関が入って行きます。今度は秘密作戦で入って行きますが、正式には熱河省まででやめています。まあ、いい悪いという問題ではなく、なしくずしといえばなしくずしとも言えます。

日本が侵攻して勢力圏を拡げていった過程で、他の中国の軍閥も日和っていました。金をもらって強いほうについたり、そちらがちょっと勢力が弱まると自立したりといった感じです。自立ということはいっさい金をもらわないで自分たちでやっていくということですが、そうなるとまた敵側について、呼び戻してもらうために金をせびるというようなことをしていました。結局、自分の土地と権益を守るためだったら何でもしたわけです。

そういう意味では、満洲国建国は、中国式に言えば普通のことをしたのです。しかし日本人にしてみれば、歴史始まって以来、そのようなことをしたことがなかったので、現地ふうに中国式の振る舞い方をしたということで、戦後になって異常なことをしたと思ったのです。

いまの日本人には理解できないでしょう。しかし、現地に昔から入っていた日本人にしてみれば、現地でやっていることと同じことを、中国人並みにしたわけです。普通に史実として書けば、イギリスが香港を割譲したというのと一緒です。そういう書き方をすれば、満洲についての言及はもう終わりなのです。

しかも、現地の人にしてみれば、満洲国建国のほうがよかったのです。張学良は十年先の税金まで取って、全部軍隊にして自分のポケットに入れていましたから、日本人のほうがよほどましというのがありました。感情を入れずに力関係だけで言えば、それが史実となります。

日本人は中国の土地に入っても、本当に善意で近代化をしています。文化を潰して歩いたりはしていません。満洲に関しては本当に入れ込んでいました。ですから、日本と上手くやっていったほうが、将来の中国の近代化には絶対プラスだったのです。

中華ソビエト政府とは名ばかりのやくざの根城

満洲事変が起こった一九三一年（昭和六年）、共産党は蔣介石にずっと包囲網を敷かれていました。満洲事変が起きて一時中断しますが、その間に共産党は中華ソビエト政府を瑞金《ずいきん》に設立して、対日戦争宣言をします。しかし、そんな宣言など、場所が遠いからただ言っただけのことです。言うだけなら何でも言えます。もともと瑞金という土地は内陸の一番西で、北京からも離れています。しかも、モンゴルはソ連派で、新疆にもソ連が入ってきていました。

この時、共産党には人民軍もできています。中華ソビエト政府は内陸ではソ連とつながっていますから、日本に満洲を取られるとコミンテルンが分断されるのを懸念しての戦争宣言ではありません。しかも、もしもソ連が満洲を取ったとしても、北京には国民党がいるのですから、最初から分断の懸念などというのはあやしいものです。

ソ連から見れば、中国内陸部には、中央アジアからもいくらでも入って行くことができます。現に毛沢東などがソ連の援助を受けた時、瑞金にも延安にもソ連からの支援が、海ではなくて内陸からきました。なぜ瑞金に中華ソビエト政府を設立したかというと、共産党が追い詰められただけで、もうそこしかなかったからです。

沿岸部はすべて国民党に押さえられていて、実際に中華ソビエト政府というのは全部少数民族地帯の内陸につくられます。コミンテルンがつくった部隊が点々としていたというよりは、秘密結社連合と考えたほうがわかりやすいのです。どう考えても普通の農民が簡単に組織されるわけがありません。

それよりもやくざの根城《ねじろ》が各所にあったと考えるほうが正しそうです。やはり『水滸伝』の世界で、一旗あげたい乱暴な連中がネットワークをつくり、力のある連中が山々に根城をつくっていった感じなのです。

満洲国の建国後には反日ボイコットが起こりました。いわゆるストライキですが、現在の反日と同じで、日本が一番目立ったために、日本製品と日本人を排斥しろとコミンテルンが言ったら、いくらでも暴動を起こせますから、コミンテルンの工作員は中国のあちらこちらに入っていきました。日本にも朝鮮にも入って、ちょっともめごとを起こせば、モスクワから金が簡単にもらえました。

こういったことが終戦を迎えるまでの間に、だんだん大きくなっていきます。

つまり、コミンテルンの組織力が上手かったのは確かで、煽っていく時のスローガンが排日だったというわけです。

蔣介石の金ヅルはやはり列強だった

一方、蔣介石のほうは、日本に対しては妥協的になりますが、共産党に対してはずっと対峙していきます。

日本のやり方というのは一応ルールにのっとっていて、日本政府が権利を得ると、日本人が入ってきて投資をしてそこを開発します。日本人は人を見たら虐殺するような民族ではありません。ですから、蔣介石も日本とは話がつけられるのです。

ところが、相手が共産党員、共産主義者だと何をするかわからない。何のルールもない人たちですから、相手にできないのです。すぐ人を殺すし、寝返るし、裏切るし、何でもする人たちです。つまり、交渉相手にならないのです。悪いことをするしかないという人たちですから、土地をきれいにして治めて、きちんとした政治をしてくれるわけがありません。暴動を起こすか、乗っ取るか、人を殺すかという、言ってみれば共産党軍は反乱軍です。蔣介石にしてみれば、治安維持をするためには共産党と戦うしかないのです。

もう一つ、日本だけでなく欧米列強も中国に大投資をしていたということも背景にあります。とくに上海や天津などの沿海部への投資は膨大で、蔣介石の妻の宋一族もまた、都市で儲けた金持ちでした。共産党は外国の投資も金持ちたちの金も全部ふんだくるつもりですから、諸外国列強は蔣介石に、共産党をなんとかしないといっさい援助しないと言ったのです。これが蔣介石が共産党を排斥する一番大きな理由です。

蔣介石は共産党を鎮圧しなければ金をもらえなくなるというか、援助の出所がなくなります。自分の財布である中国の金持ちがいなくなったらいっさいやっていけません。ですから、蔣介石としたら自分の味方のほうの利益を図るためには、共産党をやっつけるしかなかったのです。

蔣介石は、別に日本に対してだけ妥協案を選んだわけではなく、列強と妥協をしていたのです。日本に対しては、対等な関係で話がつきます。日本は万里の長城の北にいるのですから、そもそも中国ではないところの治安を維持して投資している国です。そんな国と戦争をしても損するだけで、自分のためになりません。しかも、若い頃、自分を援助してくれた国です。

つまり、日本も列強の一つという扱いです。蔣介石が日本に対して妥協的だったということは別に取り立てて問題にするほどのものではなく、彼も彼で自分の権利を守っていただけです。こう言うと、だんだん中国人というものが違って見えてくるはずです。

毛沢東の長征はライバルを殺す旅だった

現在の中国の象徴とされる長征ですが、実は英雄譚《たん》ではありません。長征はライバルを全員蹴落とす旅だったのです。毛沢東はもっとも残酷な人です。ユン・チアンの『マオ』などでは、わざわざライバルの部隊が死ぬように遠まわりをしたと書かれていました。そのために十万人が三万人になるのですが、彼は同志が死ぬのは平気、自分だけ生き残ればいいと考えています。

長征している間に戦いを続けて、どんどん同志が死んでいきます。最後に延安に行き着いた時、数千人しか残っていなかったというストーリーがありますが、それは十万人から三万人になるというのが誇張されて美談ストーリーになっているだけです。ただ、殺したのは毛沢東ではなくて、彼はただ同志を見捨てていったのです。

言いかえれば、長征を道具として、自分に有利に使ったということです。毛沢東のつくった歴史によると、ソ連帰りやコミンテルンの息のかかった部隊長は、あまりにも教条的でゲリラ作戦に向いていませんでした。彼らが田舎に行く時にさまざまな失敗をして、結局自分が作戦上手で生き残ったように書くのです。しかし、どう考えても毛沢東は味方を助けなかったことも確かです。そして、ライバルのなかで一人だけ生き残ったのです。

長征の間にも、反毛沢東分子はいっぱいいました。なぜならこの時、毛沢東は下っ端で、外国経験もなく、コミンテルンやモスクワ

謎が残る長征の進路

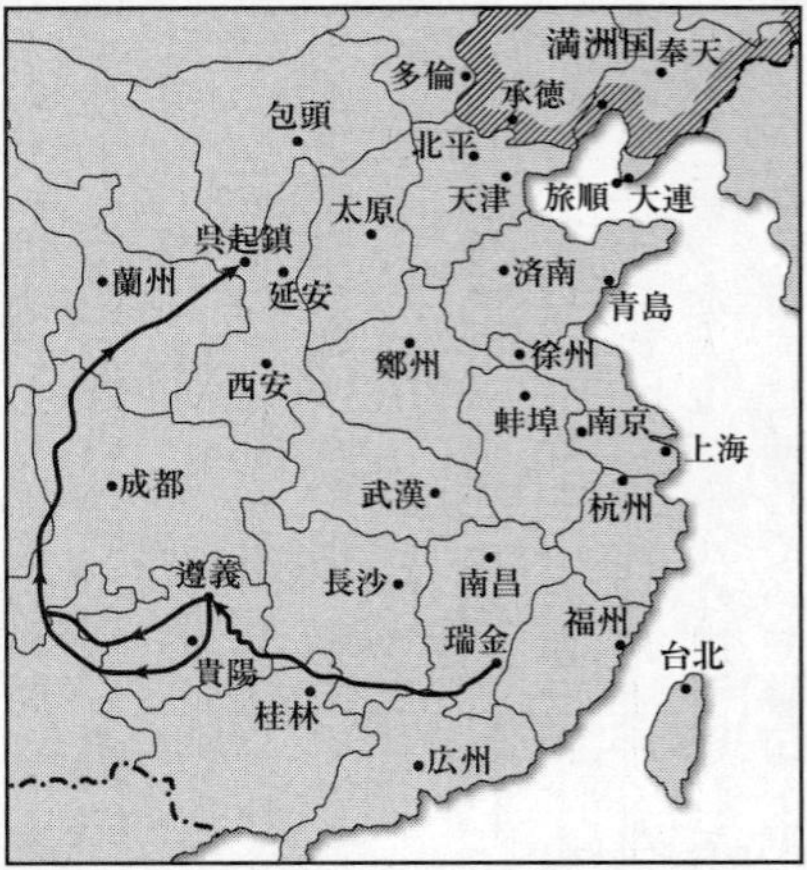

【小島晋治/丸山松幸著『中国近現代史』岩波新書より作成】

帰りから見ればまったく田舎の人間にすぎませんでした。共産党にはモスクワ帰りのエリートがいっぱいいて、彼らのほうが有力だったために、そのライバルをすべて消してのし上がっていくのです。

すごい話です。これもまた『三国志演義』や『水滸伝』の世界ではないですか。毛沢東が生き残ったのは、中国史の古典に通じていたからで、つまり、彼は伝統的な中国式のやり方をしたのです。

毛沢東は軍事的天才で、中国の古典にも通じて軍事的にも上手かったのですが、ということは、すなわち人命を何とも思わない人物ということです。もっとも慈愛がなかったので、彼だけが上手く生き残りました。少しでも農民がかわいそうなどと言った人は、みんな粛清されてしまいました。

彼はとにかく古典に通じていて警句が上手でした。農民上がりの兵士に言う時の言葉など、啓蒙《けいもう》するための古典の引用が巧みでした。カリスマ性は確かにあり、頭もいい。文章ができて口が立ちます。だから、いくらでも歴史を書き換えることもできたのです。

軍の三大規律と六項注意というものを彼がつくったと言われていますが、実際は「とても良くできているから私がつくったことにしよう」と平気で言う人です。そして、オリジナルをつくった人物を殺すのです。自分に不利な人間はすべて口封じしました。中国共産党の党員を再教育する整風運動なども同じやり方です。長征は毛沢東によってつくられた美談だったのです。

共産党も国民をまとめるのは孔子しかいなかった

興味深いことに、国民党が生き残るために中国人意識というものをまとめようとすると、またもや、その拠り所は儒教しかありませんでした。軍閥はたくさんいますし、他に何のイデオロギーもないのですから、共産主義が強くなってコミンテルンが騒いできた時に、それに対抗できるものは何も生み出していないのです。つまり、孔子以外ありませんでした。

孔子しかないというのは、いまの中国と同じです。よく思想統制という言い方がされますが、そういう言い方自体が間違っています。要するに、共産主義をやめようと言った時に、では何があるかと言えば、孔子しかなかったというふうに考えたほうがいいのです。

これは袁世凱が儒教を奨励した時も同じで、中国をまとめるのに「四書五経」

を使うしかなかったのです。科挙を受ける時に勉強していた、漢字が並んだ古い古典以外に、中国人らしさを表明するものが一つもないのです。漢字以外には文化と呼べるものはなく、その漢字も結局は古いものに頼るしかないということです。「四書五経」が読めるのは、昔科挙の試験を受けた人たちですが、孔子の『論語』だけは、もう少し下の階級に広めようという時に使われたのです。

つまり、〝中国人〟を増やさないとても勝てない。だから、『論語』をやさしくして教えなければいけないというのが、いまも変わらない中国の姿で、孔子学院というのはその典型です。難しい科挙を受けるような丸暗記はやめて、もう少し多くの中国人に漢字を普及させるために、「子のたまわく」と、日本が江戸時代に藩校でやっていたようなものをモデルにしたのです。

それで、どのあたりまで一般の人が理解できるかというと、『論語』と孔子という名前だけです。いまの中国でもそれくらいです。子供たちに暗誦《あんしょう》させていますが、世界中に何百という孔子学院をつくっても、中身を理解させるのではなく、要するに漢字を覚えさせたいだけです。ですから、儒教の思想など、いまも昔も存在していないのです。

この当時も、漢字を読めない、孔子も何もわからないという人がほとんどでした。ですから、読書人とか知識人という、ある程度漢字の読める人たちに行なったものではなく、国民運動と考えればいいでしょう。一九一八年に漢字にルビをつくったところから始まりますから、つまりは日本の教育のように国民をつくるための運動です。

しかし、それがどれくらい成功したかはわかりません。ただ、中華人民共和国になってからは『論語』が「毛沢東撰集」に変わります。小さい赤い本ですが、これを一冊丸暗記しろという教育法です。その最初の雛形が孔子でした。日本人には共通概念として古典というものがありますが、彼らは別に古典をじっくり学ぼうと思っているわけではありません。これまで、漢字は一部の支配階級のもので、一般の人にはわからなかったのです。本どころか、スローガンも読めない。ですから、スローガンを教えるための『論語』教育だったのであり、そのスローガンの文句には孔子がよかったのです。

たとえば、壁新聞などに共産党の文句を書く人がいるとすれば、その文句を孔子の『論語』から引用するという感じで考えればわかりやすいと思います。清朝末期から日本の教科書を入れて、小学校、中学校、女学校をつくってきたのですが、少なくとも昔に比べたら、読み書きができる人間の数は増えてきていたはずです。この時期、魯迅《ろじん》なども小説を書き始めましたが、どれくらいの人数が読んだかはわかりません。こうした研究は誰もしていませんし、統計もありません。

いまの中国では、ネット人口が七億人以上に達していると言われています。これは中国が大きく変わる下地にはなると思います。インターネットでは写真も送ることができますし、言葉よりもインパクトがあります。

二〇一一年の内モンゴルのデモ騒動で、私のところにも向こうから写真が送られてきました。内モンゴルでモンゴル遊牧民が漢人のトラック運転手にひき殺された現地の写真が、何枚もメールで送られてきました。しかし、それらはすでに日本に出まわっている写真でした。つまり、すぐに誰かが携帯で写して、私個人宛《あて》ではなく即座に世界中に送られたのです。共産党の一党支配は、意外と早く崩れるかもしれません。

「八・一宣言」は毛沢東が第一人者となった重要な出来事

私が信頼している中国近現代史の概説書、市古《いちこ》宙三《ちゅうぞう》先生の『中国の近代(世界の歴史20)』(河出書房新社)が、長征中に発した八・一宣言のことを大きく取り上げています。「中共中央とソビエト政府は連名で、長征途上の一九三五年八月一日、『抗日救国のために全同胞に告げる書』を発表した。いわゆる八・一宣言である」と。そして、中国国境内のすべての圧迫された民族よ立ち上がれ。モンゴル、チベット、朝鮮よ。敵日本と売国奴、蔣介石の重圧を突き破れ、などと大きく取り上げています。

市古先生の本は日本の敗戦直後で終わっていて中華人民共和国成立まで書かれていないのが残念なのですが、明らかにこれまでの中共の抗日宣言と違ってきているというのが重要な点だと指摘しています。

長征の途上において変質しているのは、この時すでに中共中央の指導部が、ロシア留学組から毛沢東に変わっているのではないかと市古先生は想像しています。つまり、八・一宣言は毛沢東が言った形跡があるということです。

なぜなら、民族資産階級を含む抗日民族統一戦線であるし、被圧迫民族を兄弟と謳っているからです。要するに、漢人だけではなく別の民族も入れたのが、これまでより上手いということです。コミンテルンが命令していない中国独自のものが入っています。ということで、中国史から見ると、大変意味のある宣言ということになります。

もうこの時、共産主義は長征のなかにしかありません。共産党はここだけに残っていて、残りの地域はすべて国民党に押さえられているのです。ですから、この長征中に毛沢東はモスクワにとっても重要人物になったことは明らかです。ソ連派のエリートがみんな自滅したのか、毛沢東に蹴落とされたのかはわかりませんが、長征の最中に毛沢東一人になったのです。

つまり、ソ連は毛沢東に任せるしか選択肢はなくなったということで、彼を認めての八・一宣言がなされた可能性が高いのです。被圧迫民族などの問題もコミンテルンはすべて毛沢東に任せたということです。それを裏付けるのは、八・一宣言直後の一九三五年の十二月、また政治局会議が開かれて、中華ソビエト共和国だったものを中華ソビエト人民共和国に変えていることです。

ソビエトはただ労働者、農民を代表するだけでなく、中華民族全体を代表すること、そして、金持ちの土地を没収しないという中国式の内容を受け入れたのです。そうでないと共産党は勝つことができないからです。

だから、毛沢東は日本が負けるまでは、ずっと地主擁護をしています。それは地主を自分の味方に入れるためです。いかにも毛沢東らしい。とにかく、八・一宣言以降、毛沢東が共産党の第一人者となったと見ていいのです。

中国史として重要な点は、長征によりコミンテルンから派遣されてきた留学組や、いわゆる革命強硬派がどんどん消え去り、その時期における八・一宣言であるということで、いまの中国の体制から見れば、極めて重要な出来事だと考えられます。

長征の途上で極左偏向をやめ、軍事上、左翼日和見主義の誤りを犯したとして批判されたロシア留学組に代わって、毛沢東が中央の指導をするようになったからです。長征のおかげで毛沢東は生き残りました。もしかしたら、彼の悪だくみが成功した可能性もありますが、それを考えて長征をしていたとしたら、彼はかなり頭の切れる悪人と言えます。

後の文化大革命を考えてみても、彼の策謀だった可能性も捨てられません。長征で他のライバルを蹴落とすために、わざわざ変なルートを進んだのかもしれません。国民党から逃げてまわり道をしていたと見えるように長征を行なった。それくらいする人物です。あと何十年かしたら、実は長征には別の意味があったという本が出てくるかもしれません。

張学良がコミンテルンに憧れた最大の理由

一九三六年（昭和十一年）に張学良が蔣介石を監禁し、共産党との内戦停止を迫った西安事件は、中国近代史の大きな転換点とされています。張学良は張作霖爆殺事件（一九二八年）の一年前に国民党に入党していましたが、実は一九三五年に共産党に入党しているのです。ですから、蔣介石を監禁したのは明らかにコミンテルンの指令というか、共産党との関係で蔣介石を捕まえたのだと思います。

西安事件が中国現代史の大きな転換点とされているのは、一九三五年の八・一宣言で本格的な抗日民族統一戦線の結成が宣言され、共産党はここから中国を牛耳るようになるからです。ソ連はとにかく日本を叩き出すことが目的ですから、これで布石を打ったようなものです。つまり、中国人民を犠牲にしてでも日本を叩き出して自分たちが勝ち残る方策です。

蔣介石のほうが、たとえ自分のふところにお金を入れていたとしても、共産党よりも国民のことを考えていました。もっとも、国民のことを第一に考えた指導者が中国にいるかと言われたら、いません。それにしても共産主義はソ連が第一ですから、日本が敵という方向性はこの時に確立されたのです。

しかし、張学良のなかに八・一宣言があったかどうかはわかりません。それとは別と考えたほうがいい。なぜかというと、張学良はソ連と直接関係がありましたから、おそらく毛沢東のことは好きではない。張学良はコミンテルンの大元《おおもと》と直接つながっていましたから、おそらく自分のほうが偉くなりたかったのだと思います。

蔣介石と会談すべく南京を訪れた張学良（『歴史写真』1931年２月号）

先ほどの張作霖爆殺事件の河本大作の話でも、河本自身がコミンテルンに買われたのかはわかりませんが、どうしてあれほど自分がやったと言い張ったのか、日本人がなぜそうも確信的に動いたのか不思議です。

これについては、識者同士が集まって話題にしたことがあります。どう考えても河本は列車を爆破させていません。そこで、コミンテルンに上手に言われたのか、知らないで話に乗ったのか、それとも知っていて確信犯でやったのかという問題です。

そこで、ジャーナリストの高山正之さんが、ロシア人という民族は、みんないい加減なやつらなのに、なんであれほどコミンテルンの謀略は成功したのかという話を始めました。確かにその通りです。そこで私は、コミンテルン指導者のマーリンはオランダ人だということを言いました。孫文と組んだマーリンはオランダ人で、インドネシアで活躍していた人物ですが、レーニンに気に入られて工作員になったのです。つまり、ロシア人ではなくてヨーロッパ人の共産主義者がコミンテルンのメンバーになっていることが多いのです。

張作霖暗殺事件に関係しているのも、コミンテルンが派遣したブルガリア人です。おそらくレーニンは同国人のロシア人よりも、コミンテルンの共産主義者のほうを同志として、彼らを信用したのではないだろうかと私は思っています。その場でも、ロシア人はやはりいい加減な感じだから、謀略などあまり成功しそうにないという意見で一致しました。

そこでコミンテルンの謀略がどうしてこれほど上手いのかという結論として、当時の世界でコミンテルンに賛同した小国の人間などが世界中にたくさんいたからだ、そういう人たちがレーニン直々の近衛兵として、直々の指示で世界各国でいろいろな工作をしていたということ、それがとくにアジアに集中したということで落ち着きました。

だから、インターナショナル（コミンテルンの別名、第三インターナショナル）なのです。コミンテルンは世界同時革命を目指していたのだから当然です。ですから、張学良にしてもつられたのでしょう。彼は二十世紀の近代教育を受けた人ですから、コミンテルンに属することはうれしかったはずです。そういうかたちで共産主義に染まっていった人というのは、本気でコミンテルンこそが世界を変えると信じて動いたのです。そうでなかったら、これほど大きな出来事にならなかったはずです。

ヨーロッパ外遊中、イギリスで空軍の視察をする張学良（『アサヒグラフ』1933年9月6日号）

もちろん日本の多くの知識人も染まっていきました。林健太郎さんもかぶれましたし、戦前の知識階級はみんなかぶれました。戦後の二流の大学人などは、いまでもそれを引きずっています。世のなかが変わって共産主義の化けの皮が剝《は》がれても、なお転向もきかずに左翼的な歴史観で本を書くのです。いい加減、もっと真っ当な本を書いてほしいと思います。

右翼が街宣車でワーッと言っているよりも、共産主義者のほうがインテリっぽいですし、かぶれる理由もわからなくはありません。しかし、インテリっぽいというだけで動くということは無責任です。動かされている人間は普通の人たちで、インテリに憧れて動くわけですから。本物のインテリというのは、これはマズい、ヘンだとわかって、そこから転向する人でなくてはなりません。

支那事変は中国がまとまるきっかけをつくった

一九三七年（昭和十二年）に盧溝橋《ろこうきょう》事件が起こり支那事変が始まります。そこでまず法律的なことから言うと、盧溝橋事件で始まったのは日中戦争ではなく支那事変だということです。なぜかというと、宣戦布告をしていないからです。蔣介石は、本当は日本と戦争をしたくなく、共産党に引きずられただけなのです。日本と戦争をして共産党が勢力を伸ばすのを嫌った彼は、国共合作（第二次国共合作）はしましたが、実際にはその間にも、途中で何回も共産党を叩いています。要するに、渋々この時に密約を交わさせられたのでしょう。蔣介石は、日本と戦争するよりは共産党を叩きたくて動いているわけです。

ですから、これは戦争ではなく事変なのです。実際に戦争になるのは、一九四一年の真珠湾攻撃の直後に、蔣介石が宣戦布告をしてからで、そこからが戦争なのです。

事変と戦争の違いは大きく、事変ですと邦人保護のために軍隊を動かせないなど、いろいろな縛りがあります。ですから、本当は戦争になったほうが、現地の日本人にとってはよかったはずです。それなのに、事変というせいで、これは外務省の管轄だなどとうるさいことを言ってくる連中がいたりして、そちらのほうが大変だったのです。やはり軍を動かすのは戦争しか成立しません。

支那事変が始まって、日本軍が万里の長城の南を占領します。結果的に、日本軍の地域、国民党軍の地域、共産党軍の地域という三つの地域が出

事件直後の盧溝橋。青龍刀を肩にした中国兵が対岸の日本軍を見張っている

来上がります。ですから、支那事変で日本対中国という構図になったというのはもう少し先と捉えるべきです。

なぜなら、まだ中国は一つではないからです。まだまだ蔣介石の国民党軍の下で共産党が悪さをしていますし、あちらこちらで反日、反日と言っては、こっちを煽ったり、あっちを煽ったりしているからです。しかし、日本が支那事変を起こしたせいで、中国がまとまってくるというのは事実です。支那事変により、中国人にとっての敵がはっきりしたということで、支那事変が中国を一つにまとめる大きな役割を果たしたのは確かです。

コミンテルンの本当の意図とソ連嫌いの毛沢東

敵が日本でまとまったところで、一九四三年（昭和十八年）のコミンテルン崩壊まで進みます。ここで大事なのは、中国共産党の毛沢東とコミンテルンは別のものだということです。さらにいろいろ調べてわかったのは、モスクワ・ソ連とコミンテルンは別の動き方をしているということです。つまり、コミンテルンは世界同時革命のグループであって、けっしてソ連一国社会主義ではないということとです。

ですから、コミンテルンはソ連の思うようにならなかったために、最後は解散してしまったのではないかと思います。つまり、ソ連とコミンテルンの組織は、イコールではなく別のものだったのです。この研究は誰かにやっていただきたい。

コミンテルンはレーニンがつくり、コミンテルンのメンバーはレーニン直属だったので、スターリンの言うことは聞かなかったのかもしれません。というのも、コミンテルンの人たちは外国人ですから、すごい権限を持っていたと思います。スターリンは一九三七年に粛清を始めます。ロシア人だけでなく非常に多くのエリートを捕まえて殺していますが、粛清した後もコミンテルンは生き残っているのです。つまり、粛清し切れなかった外国人たちが生き残ったのだと思います。コミンテルンはスターリン派ではない。だから、スターリンの粛清後は、コミンテルンの意図とソ連の意図が違ってくるのです。

ヨシフ・スターリン（1879～1953）

毛沢東はというと、ソ連の言うことも聞

かないし、コミンテルンの言うことも聞きません。そこが彼の上手いところで、彼はどちらから派遣されてきた人間も殺したのです。これでは、中国はその後のソ連との喧嘩《けんか》の元をつくっているようなものです。

ソ連のほうは、毛沢東が好き勝手にやったので相当困りました。彼はソ連の言うことを聞く気もなく、結構やりたい放題だったのです。

毛沢東が登場して間もない、まだ本当に下っ端で名もない頃の一九二四年、モスクワから派遣されたコミンテルン代表に毛沢東は「右翼日和見主義」と批判されて共産党中央局を追われ、一九二五年一月の全国代表大会にも招聘《しょうへい》されませんでした。こういった恨みなども毛沢東のなかにあったのではないかと思います。とにかく毛沢東は、同じ共産党員でもソ連とコミンテルンの息のかかった人間を嫌いました。ですから、全員蹴落としたのです。

しかし、そんな彼でもソ連としてみれば、中国共産党を自分の味方につけておかないといけないので付き合わなければならない。それが政治です。そうした政治のなかで、毛沢東はソ連に援助をよこせと言ってきます。最後まで、毛沢東とスターリンはいろいろなネゴシエーションを虚々実々やっていますから、ものすごくいい勝負の政治家というか、あのスターリンと対等にわたり合ったのですから、毛沢東は政治家とすれば凄い人物と言えます。

毛沢東は、中国を出たことがなく外国経験がありませんでしたが、最終的には中国の歴史の流れは彼が言った通りに進んでいくのです。コミンテルンやソ連から指令がいっても、命令を受けた中国人が上手くやれなかったり、失敗したりということで、最後は毛沢東のほうが勝ち残ります。「持久戦」などと毛沢東が唱えた通り、不思議なことに歴史は確かに進んでいきます。

ですから、いろいろ騙したということもあるでしょうが、毛沢東の手腕というのは本当にすごいものです。最後には毛沢東のほうが勝ったわけですから。

結局、彼は中国というもの（土地）をよく知っていたということでしょう。ソ連やコミンテルンは中国を知らなかったのです。それが前にも言った、彼が古典に強く中国を知っていた、やり方を知っていたということです。毛沢東とコミンテルンには、その違いがあったと言わざるを得ません。

国共対立はアメリカ対ソ連の代理戦争にすぎない

共産党が日本敗戦後の国共内戦で勝ち残ります。その一番の要因は、満洲にあった日本軍の武器がすべて共産党軍に渡ったからです。そもそも支那派遣軍なども含めて日本軍が置いていった武器以外に中国にはほとんど武器がありません。この時代、中国に武器がつくれるはずがないのです。国民党もアメリカが支援した武器しかありませんでした。つまり、共産党が勝ったということは、武器が多かったということです。また、おおっぴらには言えませんが、アメリカ内部にも共産党支持者が多くいました。ですから、そこでも謀略はあったとは思います。

こういった中国内部の対立によって、社会主義対アメリカ、米ソの対立という冷戦構造は生まれてきます。ロシア革命によりソ連が誕生した時は、まだこうした対立は生まれていません。

ロシアは日露戦争で負けたことが悔しくて、日本に恨みを持ち続けていました。いつかなんとかして日本を叩くつもりで、日本敗戦を機に実行に移したのです。日本を叩くことに関しては、アメリカもソ連に反対していません。日本を潰すことに関しては一致していましたが、中国に関しては完全なライバルで、とくにアメリカは、中国の一部たりともソ連にやりたくなかったのです。なぜなら、アメリカは中国に対して門戸開放政策を求めて、日本を追い払ってまで中国利権を取ろうとしていたからです。

満洲事変の後、中国の南のほうは、すでにイギリスよりもアメリカのほうが商取引が多くなっていました。そうした利権を広げたいというのが本当の目的ですから、アメリカもウソつきなのです。自分たちは民主主義と正義の味方などと言っていますが、要するに、金です。とにかくアメリカはソ連に牛耳られるのが嫌だったので、国民党に武器を援助しました。

蒋介石軍の軍事顧問を務めたスチルウェル中将と並ぶ蒋介石総統、宋美齢夫人

なぜなら、もし自分たちが武器を供与しなかったら、ソ連が全部を押さえることはわかっていたからです。そして、それをまた蒋介石がアメリカの弱みととってたかるのです。アメリカは、蒋介石にたかられ続けたので、とうとう一九四九年の八月に国民党を見限って、十月に中華人民共和国ができます。要するに、ソ連とアメリカが日本を追い出すことだけは意見が一致していたのですが、日本を追い出した後の中国の取り合いを、一九四五年時点で始めていたのです。

たとえば、ヤルタ会談でもソ連は裏で密約をしていますが、アメリカが出し抜いて日本に原爆を落としています。ソ連は九月に参戦するつもりでしたが、これはいけないと思って前倒しして参戦します。日本は八月十五日で終戦だと言っているのにもかかわらず、ソ連は侵略してきて北方四島を取ったのです。結局、米ソどちらも完全な国際法違反をしているのです。

人民解放軍が国民党に勝った知られざる真実

一方、共産党軍は内戦が始まった当初、アメリカに支援された国民党軍とは軍事力に相当の差がありました。しかし、一九四八年にはそれが逆転します。これは人民解放軍(一九四七年九月からこの名前になります)が兵力を温存していたからという理由が大きいのです。

日本が負けた時まで、実は共産党軍は一度も戦争をしていませんでした。彼らは内陸にいて、国民党軍が戦争をして、共産党軍はいっさい出ていないのです。そんな時、一人だけ共産党軍として真面目に日本と戦った将軍がいましたが、毛沢東は「お前は戦後のことを考えないで、いま日本軍と戦ってどうするのだ」と言って激怒しています。

蔣介石もできれば日本と戦いたくはなかったのですが、矢面に立たされて、それができませんでした。仕方なく戦いたくないのに戦っていたのです。そのぶん共産党が漁夫の利を得ます。どちらが勝っても、その場所から両軍がいなくなれば、そこにぱっと共産党が入っていき陣地を拡げていったのです。しかし、共産党軍が兵力を温存していたなど本には出てきません。そんなことを毛沢東が書かせるわけがないからです。

彼らはただひたすらアヘン貿易をして金を貯めて、裏では自分たちは遊んでいました。時期を待った持久戦とは、そんなものです。ちなみに共産党の本部の延安でも満洲でもアヘンはつくられていました。なぜかというと、当時はほとんど流通するお金がなかったからです。紙幣は軍閥が出していますが、それは他のところに行ったら通用しない紙切れです。全国的に通用するお金がなく、アヘンだけが流通していました。

軍閥紙幣については、蔣介石の時に人民元ができましたが、銀と引き換えにそのお金はすべて蔣介石のポケットに入っていきます。ですから、流通貨幣でも何でもなく、民衆には何の関係もありません。蔣介石がつくった元などは知られていませんし、どれくらいのレートかもわかりません。アメリカがガンガン援助していて、そのぶん全部彼のポケットに入っていたのですからひどいものです。

ソ連は日本が負けて武装解除した後、共産党軍に満洲の武器を渡して、国民党軍が満洲に入ることを阻止しようとします。共産党軍は武器をそのまま温存しました。一応ソ連は、国際法上、一九四六年三月二十六日に満洲撤退を始めますが、すると四月に共産党軍（八路軍と言いました）がハルビンと長春《ちょうしゅん》とチチハルを占領してしまいます。それでアメリカはあわてて国民党軍を空輸するのです。軍隊をすべて飛行機で運んだのは、港はすべてソ連に押さえられていて、国民党軍が入れなかったからです。

もともと満洲をすべて共産圏にするためにソ連は満洲に侵攻しました。ですから、ヤルタ会談を無視したのです。日本が降伏を受け入れたにもかかわらず、とにかく軍隊を全部送って満洲全域を占領して、日本軍の武装解除をし、武器を全部取り上げて、日本軍の男をみんなシベリアに送って……すっかり裸にしておいて、すべて共産党の軍隊に引き渡したのです。

そのおかげで八路軍が満洲を押さえましたが、国民党軍もさすがに強く、五月には長春と吉林《きつりん》を回復します。ところが八月、共産党が満洲に政府を勝手につくって、十月八日には休戦についてのマーシャル提案を拒否します。この時アメリカは、国民党と共産党両方に休戦させる、要するに両者に中国を振り分けて、中国がソ連の影響下に入らないようにと考えていました。

しかし、ソ連が後ろ盾になっていた共産党はまったくアメリカの要求を聞き入れませんでした。その結果、一九四六年十一月四日に国民党とアメリカ政府は共産党を無視して米華友好通商条約を結んだのです。もともと共産党がアメリカの提案を無視して、勝手に満洲を取って自治政府をつくってしまったのですから、アメリカと国民党からすれば当たり前です。

1945年８月28日に行なわれた蔣介石と毛沢東の会談（『世界画報1947年12月１日発行号』。国共提携の道筋が探られたが、内戦は避けられなかった

共産党は米華友好通商条約は正式な調印ではないと言っていますが、アメリカと国民党政府との間の正式な条約です。その前に共産党がしたことを無視して、正式な調印ではないとしたのは、いまの中国が共産党の歴史として書いているからなのです。

中国に残された日本人は、共産・国民両軍に働かされていた

一九四八年、蔣介石が台湾に逃げます。そして、翌年一月に人民解放軍が北平に入城し、十月に中華人民共和国が成立します。そんななか、一九四五年の終戦以降、中国にいた日本軍は何をしていたのでしょうか。実は国民党も共産党も、日本兵を味方に取り入れて軍に入れてしまっていたのです。

これについては面白い話があります。日本軍在華最高司令官、岡村寧次《やすじ》さんに関する話です。

「一九四五年八月八日、ソ連が日本に宣戦布告すると、毛沢東はこれを熱烈歓迎。八月十日、日本のポツダム宣言受諾の報が連合国各地に伝わり、一百二十三万人の日本軍と七十八万人の汪兆銘《おうちょうめい》政府軍が接収の対象に転化した時、延安の共産党司令部は、敵軍の降伏を受け入れ、武装解除にあたるように指示して、ソ連赤軍に呼応するため、旧東北軍を中心とする部隊がチャハル、熱河、遼寧、吉林、つまり満洲に向かって進軍するように命じた。一方、蔣介石は連合軍との協

議に基づき、中央の軍事委員長が受降に関する一切を決定しようと、共産党軍に命令があるまで現在地にとどまるように指示を出した。けれども、国民党軍は日本軍の前線や占領地から離れており、共産党軍より立場が悪かった。共産党のほうがすぐ満洲に入れる場所にいたからだ」（『世界史のなかの満洲帝国と日本』〈宮脇淳子著、ワックBUNKO〉）

そこで蔣介石は何をしたかというと、「日本軍在華最高司令官、つまり、日本の支那駐屯の最高司令官の岡村寧次に降伏勧告命令を伝達して、軍事行動を停止した後、日本軍はしばらくその武器と装備を保有し、現在の体制を保持し、駐在地の秩序および交通を維持し、中国陸軍総司令官、何応欽《かおうきん》の命令を待つように要求した。これは日本軍に共産党軍の侵攻を阻止する任務を与えたようなものである」と拙著で書きました。

この話から、共産党は何をするかわからないやつらだけれど、日本軍は信用できると蔣介石が考えていたというのがわかります。共産党の八路軍は八路軍で、自分たちの進軍するところにいる日本軍を全部捕まえては、自分たちの軍に入れると恐喝します。そして、日本兵は八路軍の兵士になって、懸命に働かされたので

中国を代表する何応欽に降伏文書を捧呈する支那派遣軍の小林浅三郎総参謀長

す。とくに看護婦や医者や技術者は、みんなどちらかの軍隊に入らされています。八路軍のほうは言うことを聞かないと殺されてしまいますから抵抗などできません。

満洲にいた日本軍六十万人は武装解除の後、ソ連に連れて行かれますし、大陸にいた日本人は、みなその後の国共内戦と米ソ対立でまた働かされたのです。

中華人民共和国の成立は、ただ宣言にすぎなかった

蔣介石が台湾に逃げたからといって、すぐに内戦は終わりません。国民党軍は全員が蔣介石の部下だったわけではありません。つまり、軍閥が元に戻っている状態なので、それから共産党軍は中国全土を平定しなければなりませんでした。台湾に蔣介石が逃げた翌月の一九四九年（昭和二十四年）一月六日に、国連は中国内戦不介入を決定しました。つまり、蔣介石が台湾に逃げてしまって、もう

国連は知らん顔をすると言ったのです。そうしたら何が起こったかというと、一月十五日に共産党軍が天津を占領してしまいます。天津はそれまでは中共支配ではなかったのです。

一月三十一日に今度は北京に入城します。四月一日、北京で国共和平会談があり、国民党と共産党がここでまだ会談しています。別に蔣介石がいなくても北京で会談をやっているのです。共産党と和平会談をしているのですから、国民党はまだ大陸にもいたのです。

しかし、それも決裂して、四月二十一日に共産党軍が前線総攻撃を始めます。そして四月二十三日、共産党軍は南京に入城、五月二十七日には上海を解放、六月二日には青島《チンタオ》を占領します。それにもかかわらず、六月に国民党政府は、中共占領下の全港湾を封鎖し、外国船の出入りを禁じています。この時期においても、国民党がです。

つまり、兵糧《ひようろう》攻めをしようというわけですから、国民党軍と共産党軍はずっと戦争をしていたということです。国民党軍は共産党軍を干し上げようとしたのです。しかし、八月五日になってアメリカが中国外しを発表しました。つまり、アメリカは国民党と手を切ると言ったので、ついに十月に中華人民共和国ができたのです。アメリカはもういい加減、ほとほと嫌気が差して、ここで蔣介石を見限ったわけです。しかし、その後に朝鮮戦争が起こったために、見限れなくなって、アメリカは中華民国を承認してまた戻ってきました。

中華人民共和国は一九四九年十月に成立していますが、チベットやウイグルなどを併合したのはその後です。モンゴルは一九四七年にすでにいまの自治区の原形ができていますが、ウイグルなどは併合するのに一九五五年までかかっています。ですから、いまの国家体制からすれば、中華人民共和国成立時には、すべての領域を支配しているわけではなくて、国家成立の宣言をしただけです。

中国は日本人の考える国家とはあまりに違います。日本人は天皇陛下が戦争をやめましょうと言えば、「はい」と言って全員がやめる国です。まあ、少しは抵抗しましたが、それでも、その日から決まる国です。しかし、中国人はそんな人たちではないのです。

たとえば、過去の中国の歴史でも、王朝が変わっても、中国人はまったく変わりません。全域がぴったりと平均化して何かをしたなどということは、中国の歴史上、一度もないのです。

おわりに

本書は、李白社の編集者、稲川智士さんと私の二時間ずつ計七回にわたる質疑応答を、水島吉隆さんが整理したものです。

稲川さんは、ずいぶん以前から私の本を出す計画を立てていましたが、私はモンゴル史が専門ですので、中国近現代史にまで手を広げることを躊躇《ちゅうちょ》していました。少し書いてみたのですが、日中韓の歴史認識の違いに正面から挑むわけですから、どうしても臆病になり文章が硬くなります。それで、では質疑応答を本にまとめましょう、と決まった矢先に、東日本大震災が発生しました。

福島第一原発事故が起こり、東京も放射性物質が懸念される二〇一一年三月十六日に、予定通り、駒込の岡田宮脇研究室で第一回目を実施しました。人生は、明日何が起こるかわからないのだから、いま自分にできることを精一杯しておかないと後悔する、とあらためて実感した私は、考えていることを本当に正直に話しました。稲川さんのほうも熱心に質問をつくってくれて、六月三日に質疑応答は終了しました。

私が話した内容を整理する段階で、稲川さんの質問が私の話のなかに組み込まれたので、ちょっと唐突な部分がありますが、質問されなければ話さなかったことばかりです。

日本の歴史学界、とくに近現代史の専門家たちの左翼偏向を、私は昔からよく知っていますから、自分でわざわざそういう本を買って読んだりはしません。今回、質問を受けて、一般に流布している歴史書のでたらめさ加減に、あらためて衝撃を受けました。

私は本書をつくっていた最中の二〇一一年九月二十一日に五十九歳になり、二〇一七年九月には六十五歳になりましたが、結局、大学の常勤の職には一生縁がなさそうです。いまになって思えば、こんなに自由にものが言えるのはそのおかげなのだから、神さまの思し召しだったのかと思います。

夫の岡田英弘の中国理解が高い水準にあることは有名ですが、残念ながら、一九九九年に六十八歳で脳梗塞《のうこうそく》になった後、話すのは苦手になりました。それでも、本書ができ上がる間ずっと私の隣に座って「そうだ、その通り」とゴーサインを出し、文章にも目を通してくれました。私の中国学はすべて、岡田の学説にもとづいたものです。

稲川さんの質問の程度が高かったので、中国史の入門書というよりは、中国史について少しは知っているけれども、なんか変だと思っていた、という人のための本になりました。本書が、日本人が自信を取り戻す一助になることを願っています。

宮脇淳子

文庫版あとがき

本書の原版『真実の中国史［1840-1949］』は、「おわりに」に書いたように、二〇一一年三月十一日の東日本大震災の直後、李白社の編集者の求めに応じて質疑応答が始まり、同年十一月にビジネス社から発売されました。思いもかけず評判がよくて九刷まで版を重ね、二〇一五年十一月には台湾の八旗文化出版から繁体字《はんたいじ》漢訳本が刊行されています。漢訳本の題名も『這才是真實的中國史』（これこそが真実の中国史）ですが、「真實」の横に強調の赤丸がついていて、その左側に「來自日本右翼史家的觀點」と赤字で但し書きがしてあります。つまり「日本右翼史家の観点による真実」と、言い訳がしてあるのがおかしいです。

台湾から漢訳本が出ると聞いた時には驚きました。なぜなら本書は、毛沢東にとって不都合な真実だけでなく、孫文についても、みんなが隠してきた本当の姿をたっぷり書いているからです。

孫文は、台湾の中華民国にとっては「国父」です。台北の中山《ちゅうざん》公園には国父紀念館があって、孫文の大きな像もあります。本書はそんな孫文が、実は貧乏な客家《ハッカ》の出身で、ハワイで十四歳で教会学校に入るまでは学校に行ったこともなく、「四書五経」も読まなかったので読書人ではない、とか、大陸に何ら地盤はなく、日本人が援助した革命は十回も失敗したし、大言壮語ばかり吐いて実行がともなわなかったので革命同志にも嫌われた、などとあからさまに書いています。

それなのに台湾の人たちも、戦後の政治的発言ばかりの中国史の呪縛から逃れて、本当のことを知りたくなったのでしょうか。蔣介石が大陸から連れてきた外省人たちの発言権が低下したのかな、日本人なら本当のことを言っているのではないかと考えたのかしら、などと思いめぐらしながら、私が東洋史を志した四十五年以上前、日中国交「正常化」の頃からは時代が変わったということを、しみじみ感じています。

ちなみに、題名に日本語の「の」をそのまま使うのは、台湾で刊行される漢訳本の流行になっているらしく、本書の監修者である私の主人の岡田英弘著『世界史の誕生』『日本史の誕生』『中国文明の歴史』の漢訳本も、「の」をそのまま題名に使っています。たいていの台湾の読者は「の」の意味を知っており、日本語からの翻訳であるということが一目瞭然だから、それが売りなのでしょう。

岡田英弘は、昨二〇一七年五月二十五日未明、自宅のベッドで眠ったまま、うっ血性心不全で他界しました。八十六歳と四カ月の生涯でした。初めて知り合ったのは四十年以上前、私がまだ京都大学文学部東洋史学科の学生だった頃です。大阪大学大学院に進んだあとの一九七八年、台北で開かれた私にとって初めての国際学会で、私の論文を英訳してもらって弟子入りしてから、今日にいたるまで、主人以上の東洋史学者はいないと、ずっと尊敬してきました。

岡田は六十八歳で脳梗塞を起こし喚語《かんご》障害の失語症になったため、東京外国語大学を定年退職したあと勤めていた水戸の常磐大学も、一年の休職後、退職しました。それでも幸い身体に麻痺は残らず、私が大学の非常勤講師として講義に行く以外は、毎日二人で駒込の岡田宮脇研究室に出勤し、二人向かい合ってパソコンで原稿を書き、インタビューは私が脇で補足し、国際学会にも何度も二人で参加することができました。休日には水筒を持って、上野や池袋や王子へ歩きました。

二〇〇七年七十六歳の春、心筋梗塞を起こし、五カ所の心臓バイパス手術と僧《そう》帽弁《ぼうべん》にリングを埋め込む九時間におよぶ開腹手術を受けました。その年末、藤原書店の藤原良雄社長が、岡田と一緒に仕事をしたいと申し込んでこられたのです。主人はもう何もできないと断ろうとしましたが、私が実務は引き受けるからと強く反対し、二〇〇九年五月、岡田の監修による『清朝とは何か』が刊行され、続いて二〇一〇年十一月には、最初の学術論文集『モンゴル帝国から大清帝国へ』が、さらに二〇一三年一月には、清朝史叢書第一弾として『康熙帝の手紙』増補改訂版が刊行されました。

実は二〇一二年十一月、岡田は重い心不全と腎不全で入院しました。すでに岡田英弘著作集全八巻の編集作業は始まっていましたが、三カ月後に心臓に除細動《じょさいどう》器を埋め込んで退院した時には要介護四で、著作集全巻の刊行が終わるまで生きていられるかどうか危ぶまれるほどでした。

二〇一三年六月に刊行が始まった著作集が、三年後の二〇一六年六月に完結した時、岡田が要介護一にまで回復し、記念シンポジウムとパーティーに元気な顔を見せることができたのは、本人の精神力の強さの賜物だと思います。

人生の三分の二近くを一緒に過ごした最愛の人を亡くした寂しさはつのるばかりですが、中国が世界にとって危険な大国になった今日、岡田の学問を広めることはますます意義があると信じて、頑張って仕事をしています。岡田はおそらくいまも私のそばにいて、応援してくれているに違いありません。

二〇一八年二月　　　　宮脇淳子

【中国近現代史◆年表】

1840	清とイギリスの間でアヘン戦争始まる
1842	イギリス軍に敗北した清が南京条約を結び、香港をイギリスに割譲する
1851	太平天国の乱が起こる（～1864年）
1853	アメリカ東インド艦隊司令官ペリーが黒船四隻で日本の浦賀に来航する
1854	日米和親条約および日英和親条約、日露和親条約を結ぶ
1856	英仏連合軍が広州を占領し、第二次アヘン戦争起こる（アロー戦争）
1858	愛琿条約でロシアは黒龍江左岸を清から獲得、清と英仏米露の間に天津条約
1860	英仏連合軍が北京の円明園を焼き、北京条約で沿海州がロシア領になる
1861	ロシア艦が対馬に半年間駐兵、イギリス艦が対馬に行きロシア艦の退去を要求
1868	日本の明治維新
1871	日清修好条規が調印される。台湾に漂着した宮古島島民が生蕃に殺害される
1874	明治政府は台湾に出兵、日清両国は互換条款を決め、宮古島島民は日本国属民と明記
1875	日本とロシアが樺太・千島交換条約に調印、樺太はロシア領、全千島列島が日本領に
1876	日本が日朝修好条規（江華島条約）を朝鮮と結び、清の宗主権を否定する
1880	琉球が日本領であることを清に認めさせる日清協約を結ぶ（清は調印を延期）
1882	ソウルで抗日暴動が発生、閔氏政権が崩壊し大院君が政権に返り咲く（壬午の軍乱）

1884	ベトナムの保護権をめぐって清仏戦争始まる。朝鮮で親日政権が樹立されるが、袁世凱によって閔氏政権が再建され、日本公使館は焼き討ちに遭い、金玉均は日本へ亡命する（甲申政変）
1885	日本と清が朝鮮半島に関する天津条約を締結。清仏戦争が終わり、清はベトナムに対する宗主権を放棄させられる。清が台湾省を設置。イギリスが朝鮮の巨文島を占領する
1894	朝鮮で東学党の乱が起こる。清と日本が朝鮮に派兵し、日清戦争始まる
1895	下関講和条約で朝鮮の独立の確認、清は遼東半島、台湾、澎湖列島を日本に割譲、しかし、露独仏の三国干渉により、日本は遼東半島を清に返還。日本の三浦梧楼公使が朝鮮の王妃閔妃を暗殺、高宗は世子とともにロシア公使館へ居を移す
1896	李・ロバノフ密約により、ロシアが東清鉄道敷設権を得る
1897	ロシア公使館から王宮に戻った高宗が、韓国皇帝と号する
1898	ロシアが清から旅順・大連を租借、ハルビンからの南部支線の敷設権を得る。清で変法が失敗（戊戌の政変）、康有為らが日本に亡命。山東省で義和団が「扶清滅洋」を唱えて蜂起
1900	義和団が北京に入り、北清事変となる。ロシアが満洲を占領する
1902	ロシアの進出に脅威を覚えた英国と日本が日英同盟を結ぶ。ロシアが満洲還付条約
1903	ロシアは朝鮮の龍岩浦を租借、満洲第二次撤兵を実行せず、旅順に極東総督府を新設
1904	日露戦争開戦。日韓議定書調印、第一次日韓協約調印
1905	ポーツマスで日露講和条約。第二次日英同盟。第二次日韓協約。清国が科挙廃止
1906	遼東半島の租借地に日本が関東都督府を設置、満鉄誕生
1907	清が奉天、吉林、黒龍江を東三省とする。韓国皇帝をハーグ密使事件により譲位させる

1909	伊藤博文が韓国統監を辞任、ハルビン駅頭で暗殺される
1910	日本が韓国併合、朝鮮総督府設置
1911	10月辛亥革命起こる。12月孫文がアメリカから戻り、臨時大総統に選ばれる
1912	1月中華民国臨時政府樹立。2月清の宣統帝が退位し、袁世凱が臨時大総統に就任
1914	第一次世界大戦勃発。英国が日本に対独参戦を求め、日本がドイツに宣戦布告
1915	日本が袁世凱に二十一カ条要求を提出。袁世凱が帝政復活し、みずから皇帝になる
1917	ロシア革命。ソビエト政府は帝政ロシアが結んだすべての秘密条約失効を宣言
1919	1月パリ講和会議。3月コミンテルン結成、中国で五・四運動
1920	コミンテルン代表が中国を訪れ、李大釗と陳独秀に会い、中国共産党を設立させる
1921	7月毛沢東が参加した中国共産党第一回党大会（?）が上海フランス租界で開催される
1922	2月九カ国条約、山東懸案の解決に関する条約締結。10月日本軍シベリアから撤兵。12月ソ連邦成立
1923	中国で農民協会始まる
1924	ソ連の援助で、国民党と共産党が第一次国共合作
1925	孫文亡くなる
1926	蔣介石を総司令官とする十万の国民党軍が北伐を開始する
1927	3月南京で外国人流血事件。4月上海で共産党のゼネスト、蔣介石の反共クーデター
1928	5月済南事件。6月張作霖爆死、蔣介石北京入城。7月張学良が北伐軍と講和

1929	7月張学良軍が北満鉄道を強行回収、ソ連が満洲各地を占領。12月張学良がソ連と講和
1930	5月中国共産党指導のもと満洲の間島で朝鮮独立運動派が武装蜂起
1931	2月満洲で鮮人駆逐令。6月中村大尉暗殺事件。7月万宝山事件。9月満洲事変勃発
1932	1月関東軍錦州占領。3月満洲国建国宣言。日本で五・一五事件。9月日満議定書調印
1933	2月熱河作戦、国際連盟が満洲国不承認を決議。3月日本が国際連盟を正式脱退
1934	3月執政溥儀が皇帝となり、満洲帝国成立。国民政府との間に通郵協定と設関協定
1935	8月中国共産党が八・一宣言を発表。12月中華ソビエト人民共和国となる
1936	12月張学良が蔣介石を監禁して共産党との内戦停止を迫った西安事件起こる
1937	7月盧溝橋事件。8月支那事変始まる。9月国共合作、抗日民族統一戦線成立
1939	5月ノモンハン事件。9月第二次世界大戦勃発
1941	12月日本の真珠湾攻撃により大東亜戦争（太平洋戦争）始まる
1945	2月ヤルタ会談。7月ポツダム宣言発表。8月6日広島に原爆投下、8日ソ連が日本に宣戦布告、9日長崎に原爆投下、同日極東ソ連軍が満洲に攻撃開始。15日終戦の詔勅。23日ソ連首相スターリンが日本軍捕虜50万人のソ連移送と強制労働を命令する
1946	4月中国で国共内戦始まる。11月国民党とアメリカ政府が米華友好通商条約調印
1948	10月満洲全域が共産党軍の支配下に入り、蔣介石は台湾へ逃げる
1949	1月人民解放軍が北京に入城。10月中華人民共和国成立

著者紹介

宮脇淳子（みやわき・じゅんこ）

1952年、和歌山県生まれ。京都大学文学部卒業、大阪大学大学院博士課程修了。博士（学術）。専攻は東洋史。大学院在学中より岡田英弘氏からモンゴル語・満洲語・中国史を、その後、山口瑞鳳氏（現東京大学名誉教授）からチベット語・チベット史を学ぶ。東京外国語大学アジア・アフリカ言語文化研究所共同研究員を経て、東京外国語大学、常磐大学、国士舘大学、東京大学などの非常勤講師を歴任。

著書に『モンゴルの歴史』（刀水書房）、『最後の遊牧帝国』（講談社）、『モンゴル力士はなぜ嫌われるのか――日本人のためのモンゴル学』『世界史のなかの満洲帝国と日本』（以上、ワック）、『かわいそうな歴史の国の中国人』『悲しい歴史の国の韓国人』（以上、徳間書店）、『どの教科書にも書かれていない 日本人のための世界史』（KADOKAWA）、『封印された中国近現代史』（ビジネス社）、『日本人が知らない満洲国の真実』（扶桑社）などがある。

監修者紹介

岡田英弘（おかだ・ひでひろ）

1931年、東京生まれ。専攻は中国史、満洲史、モンゴル史、日本古代史。1953年、東京大学文学部東洋史学科卒業。1957年、『満文老檔』の研究により日本学士院賞を受賞。東京外国語大学アジア・アフリカ言語文化研究所教授を経て、東京外国語大学名誉教授。2017年５月25日、満86歳で逝去。

著書に『歴史とはなにか』（文春新書）、『倭国』（中公新書）、『世界史の誕生』『日本史の誕生』『倭国の時代』（以上、ちくま文庫）、『この厄介な国、中国』（ワック）、『だれが中国をつくったか』（ＰＨＰ新書）、『モンゴル帝国から大清帝国へ』『岡田英弘著作集』全８巻（以上、藤原書店）など多数ある。

この作品は、2011年11月に李白社が発行し、ビジネス社から発売されたものである。

PHP文庫　真実の中国史[1840－1949]

2018年4月16日　第1版第1刷

著者　宮脇淳子
監修者　岡田英弘
発行者　後藤淳一
発行所　株式会社PHP研究所
東京本部　〒135-8137　江東区豊洲5-6-52
第二制作部文庫課　☎03-3520-9617(編集)
普及部　☎03-3520-9630(販売)
京都本部　〒601-8411　京都市南区西九条北ノ内町11
PHP INTERFACE　https://www.php.co.jp/
組版　株式会社PHPエディターズ・グループ
印刷所　共同印刷株式会社
製本所　東京美術紙工協業組合

ISBN978-4-569-76827-4

PHP文庫好評既刊

日本人だけが知らない「本当の世界史」

なぜ歴史問題は解決しないのか

倉山 満 著

なぜ、日本は〝敗戦国〟から抜け出せないのか？——新進気鋭の憲政史研究家が、歴史認識を根本から改める覚悟を日本国民に迫った戦慄の書！

定価 本体六二〇円（税別）